Francesc Calvet

El pagès que va triomfar al Barça

*D'una dura postguerra a
la glòria de les Cinc Copes*

Guillem Gómez Marco

Francesc Calvet. El pagès que va triomfar al Barça

© 2013 OmniaBooks, Omnia Publisher SL

©del text: Guillem Gómez

2a edició: abril de 2013

ISBN: 978-84-615-3926-0 (imatges en blanc i negre)

ISBN: 978-84-940555-7-7 (imatges a color)

DL: B-37963-2011

© Disseny coberta: Núria Brignardelli

© Revisió Lingüística: Núria Salán i OmniaBooks

© De l'edició: OmniaBooks, Omnia Publisher S.L., Terrassa (Barcelona) 2013

www.omniabooks.com

Dedicatòria

Aquest llibre està dedicat a
Jordi Andreu i Rollán, fill i nebot respectivament
dels meus grans amics
Ramon Andreu i Jaume Rollán.

En Jordi, a qui jo anomenava "Geni",
ens va deixar amb només 14 anys
mentre es perfilava aquest llibre,
víctima d'un accident de trànsit que ens va
prendre el seu sonriure, que no oblidaré mai.

Descansi en pau.

Pròleg

Ramon Alfonseda i Pous
President de l'Agrupació Barça Jugadors

Des de l'Agrupació Barça Jugadors celebrem l'aparició d'aquest llibre dedicat a la figura d'un gran jugador del FC Barcelona com va ser en Francesc Calvet, en tant que contribueix a aprofundir en la seva personalitat, la seva vida, i també en el context històric en què va jugar al club. Quan després de 13 anys, Calvet va deixar el FC Barcelona, l'Agrupació Barça Jugadors estava a punt de néixer, ja que antics companys seus de vestidors ja es començaven a trobar de tant en tant per compartir i reviure experiències.

Per entendre per què el nostre club ha arribat a obtenir la dimensió que té, amb un model admirat a tot el món en ple segle XXI, és necessari fer una mirada enrere, com la que proposa aquest llibre. Remuntar unes dècades ens permet trobar-nos amb personatges com en Francesc Calvet, que van viure una època de ressorgiment, uns anys en què valors com el treball, l'esforç i l'esperit d'equip ja formaven part del dia a dia del club. Un sistema i un treball que, al cap d'alguns anys, va donar peu a una de les èpoques daurades del Barça.

Especialment interessant trobem la inclusió, a banda dels exhaustius detalls biogràfics de Calvet, de les opinions i valoracions d'alguns dels seus companys de vestidor, també membres de l'Agrupació Barça Jugadors i responsables de transmetre a les generacions de barcelonistes tot aquell bagatge que van adquirir. Més que companys, amics, que van compartir l'amor per uns colors i per l'esport durant tota la seva vida.

Iniciatives com aquesta coincideixen perfectament amb un dels objectius de l'Agrupació: recuperar la història del FC Barcelona i, especialment, la història dels jugadors que han fet gran el nostre club. I en Francesc Calvet, ha estat un d'ells.

Nota de l'autor

Guillem Gómez Marco
Periodista i escriptor

Vaig tenir el plaer de conèixer personalment en Francesc Calvet, el protagonista d'aquest llibre, i poder-lo entrevistar en un parell d'ocasions. Sempre quedaran a la meva memòria aquells moments, en tant que, com amant de la història, com a apassionat del futbol i com a barcelonista, vaig gaudir moltíssim d'aquelles converses.

Amb el temps, com a hobby, em vaig engrescar a recopilar informació per si algun dia em decidia a fer un llibre sobre la seva història esportiva. A mesura que ampliava la meva quantitat de documentació, més intensa era la necessitat de materialitzar el projecte. I així ha estat, dedicant part del meu temps lliure d'aquests darrers anys a visitar biblioteques, arxius, centres de documentació, a contactar amb qui van estar els seus companys i amb persones que el coneixien, fins culminar aquesta obra.

En tot moment, volia deixar palès el fet de que hagués combinat la seva activitat com a jugador de futbol professional amb la pagesia. Va viure, en primera persona, alguns fets històrics com l'11-1 a Chamartín, la consecució de les Cinc Copes formant part d'aquell mític equip... Ara bé, també en tot moment feia gala d'una humilitat i una senzillesa impressionants, característiques del seu amable tarannà.

Espero, modestament, haver fet una contribució més a l'àmplia bibliografia existent sobre la història del FC Barcelona, deixant palesa la vida d'un jugador cabdal en una determinada època i que mereix el reconeixement dels barcelonistes.

Introducció

F rancesc Calvet naixia el 29 de setembre de 1921 a Sant Joan Despí. Fill de família de pagesos, combinaria sempre el camp de futbol amb el camp de conreu. Als nou anys ja portava el carro amb la mula quan els estudis li permetien i revestia de paper la fruita a mà per posar-la en caixes. Més endavant, amb d'altres nois de Sant Joan Despí amb bons informes, va marxar a estudiar al col·legi Maristes Valldemia de Mataró, intern. Estant en aquest centre educatiu va ser quan es va iniciar al futbol. Després va jugar als equips base del Sant Joan Despí i també a l'Hospitalet, abans de la Guerra Civil, equip aquest últim on va disputar -tot i la seva curta edat- alguns partits amb el primer equip.

Escolà -la gran figura del Barça en aquells moments- era veí de Calvet, i aquesta proximitat va ser determinant per al seu ingrés al Barça, ja que el va animar a que fes les proves d'accés a l'entitat blaugrana.

Calvet va estudiar Comerç, però no va acabar. Es dedicava en aquells temps a la pagesia amb el seu pare. A més de la verdura, sempre va conviure amb la fruita, en especial la poma. El seu fill, també Francesc, recorda les anècdotes familiars: "La meva àvia aplegava a casa els refugiats pels bombardejos que es produïen a Barcelona durant la Guerra Civil. A casa sempre havia fruita i animals i es podia fer quelcom per aquelles persones que s'ho estaven passant malament. Quan el meu pare va entrar al club, fins i tot la meva àvia es restava a rentar la roba de l'equip del Barça".

Es va incorporar a la primavera de 1939, amb 17 anys, al Futbol Club Barcelona. "Va ser una època daurada per a tots aquells que teníem il·lusió de jugar al Barça" -manifestava Calvet al Butlletí de Sant Joan Despí-. Eren uns anys que admetien molts joves perquè la guerra va deixar el Barça gairebé sense jugadors.

Calvet es va incorporar al Barça als 17 anys.

El seu introductor, com s'ha dit, va ser el jugador del primer equip Escolà, veí de Calvet a Sant Joan Despí. El fill de Calvet, Francesc, recorda que el seu pare li explicava que jugava amb Escolà amb pilotes de drap al carrer. Escolà era un jugador ja consagrat a Can Barça, un interior de gran classe, anomenat "cames d'or" i "el catedràtic del futbol" per la seva noblesa i joc net. Ell seria el gran referent per a Calvet.

Escolà ja jugava al Barça abans de la guerra i va ser un dels jugadors que van quedar exiliats a Mèxic. La temporada 1938-39 va anar a França i va guanyar la lliga gal·la amb el Sette. Després de la guerra va tornar a Barcelona i li van imposar un any de sanció per haver jugat al país veí. Escolà va ser, doncs, el pont perquè Calvet acabés vestint la samarreta blaugrana. Li feia sessions de futbol.

Calvet ingressava així com a juvenil a les ordres de l'entrenador Ramon Llorens, exporter del primer equip, a qui Calvet sempre va tenir una considerable estima ja que el va formar com a jugador, li va ensenyar a xutar bé la pilota i li va fer entendre totes les qüestions tècniques del futbol.

Francesc Calvet seria un dels pilars sobre els quals es va forjar la resurrecció del Futbol Club Barcelona després de la Guerra Civil. El club blaugrana, amb els seus jugadors importants exiliats, va sobreviure gràcies a futbolistes sorgits de Barcelona capital o del seu entorn més proper, com ara Calvet. Atenent la seva classe, va adaptar-se a diferents posicions al camp i ho va fer de bon grat. Sempre deia que volia jugar, encara que fos de porter, si feia falta.

Prenia el relleu d'un altre santjoanenc que havia jugat al Barça els anys anteriors, en plena Guerra Civil, Joan Babot -integrant de l'equip que va conquerir el Campionat de Catalunya la temporada 1937-38- , qui després seria jugador del Valladolid durant molts anys i fins i tot va arribar a jugar a l'Espanyol un breu període.

Calvet era un jugador versàtil i amb molta classe. Va començar com interior i migcentre. Ell sempre havia manifestat que la posició que més li agradava era la de defensa central. Va acabar triomfant, però, com a indiscutible lateral dret, posició en la que ha estat considerat un dels millors jugadors que ha tingut el Barcelona al llarg de la seva història. Potser no va tenir la popularitat d'altres figures però, sens dubte, ha estat un dels grans de la història blaugrana.

No va tenir gaire sort amb les lesions, sovint d'un mes de durada. Dues vegades va haver d'operar-se de la lesió més freqüent en el futbol: el menisc, però la seva recuperació va ser fulminant. El diari AS, en una sèrie dedicada als jugadors que han estat internacionals, l'any 1980 feia una descripció prou acurada de Calvet: *"Era un puro nervio, tenía intención y sabía jugar la pelota. Era un hombre con responsabilidad y fue un baluarte del Barcelona. Era dificilísimo de superar. Barcelonista al máximo, paseó con orgullo su condición de catalán. Era, además, un gran amante de la naturaleza, como es lógico en una persona que trabajó al aire libre, en el campo".*

Calvet arribaria a ser un marcador ferri, una ombra, d'aquells que són un autèntic malson per al rival. Dominava la pilota amb les dues cames, era un jugador molt complet. A més, i aquesta és una dada significativa, ha estat moltíssims anys ostentant el rècord de ser el jugador més jove (amb 17 anys) a marcar un gol com a jugador del primer equip del FC Barcelona.

Ramon Llorens va ser el seu primer entrenador.

Va ser superat -per dies- pel contemporani Bojan Krkic: Calvet va marcar amb 17 anys i 191 dies, i Bojan ho va fer amb 17 anys i 53 dies.

A Calvet li agradava ser conegut com "un pagès de Sant Joan Despí", però va ser també un excel·lent atleta que es va saber adaptar a diferents posicions del camp al llarg de la seva llarga estada al club. Va ser una persona afable i senzilla, qualitats que li van atorgar totes aquelles persones que el van conèixer.

Va militar a l'equip blaugrana entre 1939 i 1952, i va guanyar quatre lligues (1944-45, 1947-48, 1948-49 i 1951-52), tres Copes d'Espanya (1942, 1951 i 1952), dues Copes Llatines (1949 i 1952) i dues Copes Eva Duarte Perón (1945 i 1948). La seva darrera campanya al Barça va ser una de les més glorioses i recordades, la del mític Barcelona de les Cinc Copes (Lliga, Copa d'Espanya, Copa Llatina, Trofeu Martini Rossi i Trofeu Eva Duarte).

Calvet va jugar un total de 238 partits oficials amb el Barcelona. Amb Catalunya va disputar tres partits, tots al 1950, davant el San Lorenzo (2-1), Universidad Católica (1-1) i Saarbrucken (1-2). Va ser dues vegades internacional absolut amb Espanya, al 1951 contra Bèlgica (0-0) i Suècia (3-3).

El futbol, la seva gran passió, va ser un llarg parèntesi a la seva vida de pagès.

L'opinió generalitzada dels seus companys era que es tractava d'un bon amic i una gran persona. Tothom ha destacat que era combatiu, amb dedicació total, que "ho donava tot". Era una època, però, en la que tots els jugadors eren lluitadors al màxim.

Després de la Guerra Civil el Barça queda en una situació dramàtica

E l Barça va pagar un preu molt alt durant aquells tres anys tenyits d'horror i mort. El conflicte bèl·lic va significar el trencament d'un gran equip, cridat a fer història. Fins i tot va haver jugadors que no van tornar mai del front, com ara Àngel Arocha, que va morir a la batalla de l'Ebre. La seu social del club havia estat destruïda per una bomba. Durant la guerra, la situació del club era molt crítica, realment dramàtica. Semblava que el Barça arribava al seu final. Per això, es va acceptar fer una gira per Mèxic i Estats Units per un període d'un mes, encara que després s'allargaria prop de quatre mesos. Es van obtenir força ingressos, que van salvar el club, però l'expedició va tornar gairebé sense jugadors ja que molts es van quedar allà com a exiliats. Alguns van tornar després de la guerra i d'altres s'hi van quedar definitivament. El Barça es va veure obligat a convocar proves per fer un nou equip.

El club, després de l'assassinat del seu president Josep Sunyol, destacat polític d'esquerres, a la Sierra de Guadarrama per les tropes franquistes, no sabia com encarar aquell futur tant incert. Havia estat una entitat tradicionalment defensora de la democràcia i dels símbols de Catalunya. Franco va designar una junta integrada per militars i falangistes.

En aquest context no sorprèn llegir una editorial com la de La Vanguardia del 28 de gener de 1939: *"Con palabras del ministro de gobernación diremos: Hay una Cataluña española nacional que vence por y para España, pero hay otra desviada de la Justicia, de la Verdad y del Patriotismo, que ha sucumbido, que ha sido vencida, militarmente vencida, ante la fuerza imponente de los soldados de Franco. Ya ha llegado el día en que España, la nueva y eterna España, había de encontrar ser reina, dueña y señora de Cataluña por los siglos de los siglos"*. Aquesta aberrant editorial simbolitzava el futur que li esperava a Catalunya.

La guerra havia conclòs, però per a moltes persones va començar una dura postguerra, que va ser pitjor que el mateix conflicte. Cal destacar l'editorial de Mundo Deportivo el dia que reapareixia als quioscos després de la guerra, al 1940, amb un paràgraf que deia així: *"El deporte ha pasado a ser nervio y músculo de la Nueva España, escuela magnífica de patriotismo, arco tendido hacia un porvenir mejor, que tendrá que encontrar en unas generaciones físicamente fuertes, el apoyo firme de los ideales que el Imperio exige"*.

El FC Barcelona va estar '*fitxat*' durant la dictadura de Franco. Els arxius policials van revelar una fèrria persecució al club. *"Hubo persecución, vigilancia, seguimiento constante, que no terminaría hasta la muerte de Franco"*, declararia a El Periódico Nicolau Casaus l'any 1994. Casaus va estar condemnat a mort per raons polítiques en aquella època i seria directiu del club a partir del 1978.

El règim, implacablement, va esborrar qualsevol senyal o símbol que pogués insinuar que hi havia una altra realitat distinta a l'establerta.

Parlem d'anys de misèria, de racionament d'aliments. El nou règim franquista va tenir animadversions envers el Futbol Club Barcelona, ja que el consideraven un club 'separatista'. Va haver-hi fins i tot una temptativa d'establir un parc mòbil al camp de Les Corts, un garatge de tancs i vehicles militars. La intervenció del secretari del club, Rossend Calvet (cap relació familiar amb el nostre protagonista), i de l'empleat del club, 'l'avi' Manel Torres, entre d'altres, va ser vital per rebutjar aquella pretensió, que potser hauria significat la fi de l'entitat.

El camp de Les Corts tenia una capacitat per a 20.000 persones (al llarg dels anys s'aniria ampliant). El Barça, però, havia quedat en una precarietat extrema i el camp era una exageració en aquells temps. El club tenia una mica més de 3.000 socis i havia tocat fons. Gràcies a persones com Rossend Calvet, el massatgista Àngel Mur i molts altres empleats, l'entitat va sobreviure. Es demostrava que el Barça era més que un club.

DOMINGO. CENTRE DE DOCUMENTACIÓ DEL FCB

Manel Torres, "el barraquer", treballador del club, un dels artífex de que el FC Barcelona sobrevisqués després de la Guerra Civil.

Documents secrets, que van sortir posteriorment a la llum pública, van mostrar el sistemàtic atac al Barça pel seu catalanisme. L'Espanyol, per la seva banda, era un club ben considerat pel règim. La prova la tenim en un article de MARCA d'abril de 1939: *"Mientras el Español era un equipo patriota, formado por buenos y sanos españoles, el Barcelona era catalanista hasta la médula, haciendo propaganda de un régimen insoportable. Mientras el llamado "Barça" era enviado a Méjico como propagandista de la causa roja, los pobres españolístas tuvieron que escapar de sus cases para guarercerse de la furia satánica de los marxistas".*

Les represàlies vers Catalunya i el Barça no es van fer esperar. Les noves autoritats es van mostrar implacables amb els jugadors que s'havien exiliat i havien estat a lligues estrangeres. Cap jugador dels que havien marxat a Mèxic va tornar, però els que eren a França, on la situació no era gaire segura, ja que s'havia iniciat la Segona Guerra Mundial, sí. Balmanya, Raich i Escolà van ser detinguts a la frontera i enviats a un camp de concentració.

Franco va obligar a canviar el nom del club i, a partir d'aquell moment passaria a denominar-se Club de Fútbol Barcelona. La Dirección Provincial de Propaganda va obligar a treure les quatre barres de l'escut, que es van reduir a dues, simbolitzant més l'ensenya espanyola.

La tornada a la competició va ser decebedora per al Barça. El club estava regit per una junta gestora dirigida per Joan Soler.

Va costar fer un equip amb cara i ulls. Es va aconseguir la cessió per un any de dos grans jugadors, Herrerita i Emilín, tots dos de l'Oviedo. El club asturià havia quedat molt malmès després de la guerra, amb el seu camp totalment destruït pels bombardejos. La Federació li havia dispensat de jugar la lliga i li guardava una plaça perquè s'incorporés la temporada següent.

El Barça va fer una temporada molt fluixa i va acabar a tres punts del descens.

1939-40
Ingrés de Calvet al Barça

Calvet es va incorporar al Barça amb Josep Soler com a president i Ramon Llorens com a entrenador, a qui sempre va considerar el seu mestre. Llorens era un llegendari porter, que va entrar al primer equip al 1926, substituint Platko, i va aconseguir el campionat d'Espanya al 1928.

Petit d'alçada (feia 1'64 m.), tenia el costum d'enfilar-se al travesser com per advertir al contrari que podia arribar sense problemes. Va ser molt carismàtic per la seva agilitat, regularitat i fidelitat als colors.

Un cop retirat professionalment es va dedicar al futbol base i va ser forjador de nous talents: Raich, Bosch, Biosca o el mateix Calvet. Era un barcelonista acèrrim, tant que la seva última voluntat va ser que l'enterressin al cementiri de Les Corts, ben a prop de les instal·lacions blaugrana.

Posteriorment, Pep Planas i O'Connell, dels que també va guardar un gran record, van ser el seus entrenadors a la seva etapa com a debutant professional.

El 27 de gener de 1940 va ser concedida l'autorització per reprendre les activitats del club. Salvador Mejía, general de divisió, va ser designat president i, com a vicepresident va ser nomenat en Jaume Sabaté, un excombatent que va ser qui havia sol·licitat el permís per tornar a l'activitat.

Calvet s'havia incorporat al club i només va jugar quatre partits en aquella seva primera temporada al club. La seva estrena va ser al primer partit de la segona volta, el 17 de març de 1940. Va jugar de mig dret i no va ser gaire positiva aquesta estrena, ja que el Barça va perdre al camp del Betis 3-0. L'alineació aquella jornada, va ser: Nogués, Riera, Ribas, León, Rosalén, Franco, Sospedra, Calvet, Pachi, Herrerita i Hilario.

Després de dues jornades sense ser alineat, Calvet tornaria a participar al camp de l'Hércules, en un partit en el que el Barça es jugava la permanència a Primera Divisió. Calvet va aconseguir el seu primer gol, a la mitja volta, al minut 10. Va ser un esdeveniment que no ha tingut un especial ressò en l'àmplia historiografia del Futbol Club Barcelona. Aquest gol de Calvet i un altre d'Herrerita van suposar una victòria per 1-2 i, amb aquest resultat, s'evitava que el Barça baixés a Segona Divisió. Calvet recordava aquest fet: "El meu gol va ser d'una mitja volta amb la cama dreta. Només els que som fervents barcelonistes podem entendre el patiment que suposava per a nosaltres adonar-nos que ens anàvem a Segona". Al final tot va sortir bé.

Calvet va fer un gol decisiu per evitar el descens.

Calvet va tenir algunes actuacions formidables a l'equip amateur i en les seves minses aportacions al primer equip. Això li va obrir les portes com a jugador professional. Calvet, però, mai va oblidar que era pagès i, després dels entrenaments, ajudava al seu pare al camp. El pare, per una altre banda, acompanyava sempre al jove Francesc al camp, en aquest cas de futbol.

El 3 d'abril de 1940 Mundo Deportivo assenyalava: "*De la media gustó mucho el joven Calvet, un muchacho prometedor, con recursos físicos y penetrado de su misión*". Pocs dies després, el mateix mitjà tornava a elogiar Calvet després de l'Hércules-Barcelona: "*Los visitantes estrenaron el marcador. Rosalén sirvió con precisión a Calvet, y éste lanzó un tiro cruzado fulminante, que el portero local sólo pudo rozar, pero no atajar. Calvet es un hombre con fulgores de gran jugador".*

De lliga, el del Betis i l'agònic matx d'Alacant, van ser els dos únics partits que va jugar Calvet.

Després de la guerra arribava també el palentí Mariano Martín, procedent del Sant Andreu, un dels grans golejadors de la història del Futbol Club Barcelona, un *"tanc"* per la seva corpulència física que imposava respecte, però –segons tots els documents de l'època- tot un cavaller. La seva mitjana de gols al llarg de nou temporades (de 1939 a 1948) superava el gol per partit jugat.

S'incorporava també, procedent del Frente de Juventudes de León, César Rodriguez -com Calvet, amb 17 anys-, que seria cedit al Granada i tornaria al Barça al 1942. Quan va perdre els cabells passaria a ser conegut amb el sobrenom de *"el Pelucas"*. Era un extraordinari golejador. De fet César és, amb 235 gols en partits oficials, el màxim golejador en la història del Barça, tot i que en el moment de tancar aquest llibre Leo Messi s'apropava a aquesta xifra.

Mariano Martín *"el Monstruo"* -aquí ningú no es salvava d'un apel·latiu- i César es van fer un forat en aquell nou Barça, jugant-hi 15 i 9 partits respectivament. Era gent jove que va haver de rellançar l'equip de zero. I és que el club va sobreviure mercès a una generació molt jove de jugadors de la mateixa Barcelona, altres de l'àrea metropolitana i alguna jove promesa d'altres punts de l'Estat espanyol.

Una aportació de veterania la donava Rosalén, qui va jugar a l'Hércules abans de la guerra. El conflicte bèl·lic el va dur al front i després a un camp de concentració. Va jugar fins al 1944 com a mig centre. El *"Xatarra"* -com el coneixien els seus companys- era un jugador regular, disciplinat i sacrificat, d'aquells que ho donaven tot. Acostumava a ser l'encarregat de marcar la figura de l'equip rival.

Calvet recordava al Butlletí de Sant Joan Despí la seva odissea per dedicar-se al futbol: "Als meus inicis al Barça, tots els dies havia d'agafar l'autobús molt d'hora per ser a les vuit del matí a la Diagonal, que era on entrenàvem i, a la tarda, quan acabava d'estudiar, ajudava el meu pare a les feines del camp. Cobrava molt poqueta cosa".

Els jugadors no tenien -ni de bon tros- l'estatus actual. Per a les famílies, jugar a futbol era gairebé perdre el temps. Quan acabaven els entrenaments la majoria es dedicaven a ajudar en els negocis familiars.

Calvet, per exemple, quan arribava a casa el seu pare li deia: "Vinga, ara a fangar!".

Eren, a més, temps difícils, temps de privacions, de fam, i els jugadors que tenien la possibilitat de portar menjar al vestidor, ho feien. Era el cas de Ribas -que era de Roda de Ter- i portava embotits, o el del mateix Calvet, que portava productes del camp i fruita.

1940-41
Calvet passa a ser professional

E s van anar superant els mals moments i, molt a poc a poc, es va començar a sortir del pou. Escolà, Raich i Pedrol havien tornat ja de l'exili. Al maig de 1941, dos juvenils, Gonzalvo III i Calvet, passaven a convertir-se en professionals i s'alineaven en un amistós disputat amb el Real Madrid a Chamartín. Anys més tard, ambdós triomfarien, però en aquell moment era un orgull per a aquells nois alinear-se amb les grans figures barcelonistes: Nogués, que va defensar la porteria d'Espanya el 1934 a Itàlia; Gràcia, *"Fifo"* Navarro -que després acabaria portant la samarreta del Madrid- o l'extrem esquerrà de la Colònia Güell Sospedra, un jugador molt estimat per l'afició barcelonista per la seva entrega als colors, conegut pels seus companys com "el nen", potser perquè ja era veterà.

El Barcelona acabaria quart aquella temporada i Calvet, amb vint partits disputats, començava a ser habitual a les alineacions. Va ser la seva primera temporada seriosa, en la que se li destacava la seva *"bravura"* i el seu esperit incansable.

A més, es valorava que dominés la pilota amb les dues cames. Era un jugador complet.

Calvet, però, reiterem, mai va oblidar que era pagès i després dels entrenaments ajudava el seu pare al camp i es que els jugadors no es guanyaven la vida amb el futbol, havien de treballar paral·lelament, era quelcom natural.

Calvet era el que cobrava menys, unes 9.000 pessetes anuals, una quarta part del que cobrava Escolà, el millor pagat.

Es va tancar aquella temporada amb un 8-2 (la meitat dels gols obra d'Escolà) davant el modest Granada, que acabava d'obrir-se pas a Primera.

Els ingressos nets per partit oscil·laven entre les 30.000 i les 130.000 pessetes, segons la transcendència de l'encontre.

1941-42
Es guanya la Copa, però a la lliga es pateix

Al 1941 el Futbol Club Barcelona inaugurava el seu domicili social, a un xalet del passatge Méndez Vigo, que es mantindria fins al 1960. Sota la direcció tècnica de Ramon Guzmán, es va viure una temporada entre l'alegria i la decepció.

Calvet començava a ser un jugador important de l'equip i es consolidava com a habitual a les alineacions, tot i que també s'alineava esporàdicament amb l'equip reserva. Com s'ha dit, se li valorava molt la seva lluita i el seu entusiasme.

El primer partit de la temporada va ser molt negatiu per al Barça ja que va perdre 5-2 al camp d'un Espanyol que va ser superior, i això que Calvet -que va fer un gran partit en defensa, tot i que el seu equip estava descoordinat- va salvar, batut ja Miró, un gol traient la pilota des de la mateixa línia de gol, després d'una gran rematada de Jorge.

Local social del passatge Méndez Vigo. Foto de 1975 en l'últim dia d'atenció al públic.

Dins la negativitat global de l'equip, Mundo Deportivo ressaltava que la línia de mitjos va ser la millor del partit, destacant Raich, Balmanya... i Calvet, *"que volvió a mostrarse un elemento de grandes condiciones defensivas"*.

Al setembre de 1941 Mundo Deportivo, a la seva crònica del Barcelona-Alicante (4-4) reflectia: *"Hubo un positivo valor en la línea media: Calvet, cuyas cualidades resplandecen especialmente en la defensiva"*. S'intuïa ja, des d'un primer moment una recol·locació de Calvet a tasques de contenció. A Chamartín va marcar el primer gol del Barça, encara que la victòria final va ser per al Real Madrid (4-3). El Madrid era el gran favorit perquè el Barça havia començat la temporada molt malament.

Després de l'1-0 a favor del Madrid, a la crònica de Mundo Deportivo es reflectia: *"Raich se acuerda de que es "as" y de que los ases deben jugar como tales; y levanta la moral del equipo con algunas buenas jugadas. Balmanya y Calvet se contagian, y es ya la media barcelonista la que manda en el terreno. Y llegamos al minuto 25: Calvet, de lejos, tira sobre goal y el portero madridista Esquiva, que sigue a lo lejos buscando una palabra de ocho letras que le pueda resolver el crucigrama del día, ve como el cuero llega a las mallas. El tanto de Calvet es imperdonable en un portero de su talla"*. Després va ser un anar i venir de gols pels dos conjunts fins el 4-3 definitiu. Mundo Deportivo ressaltava "el formidable partido de Raich" y de Calvet, "que estuvo muy bien". El rotatiu català reflectia en les seves pàgines aquella temporada frases elogioses cap a ell: "En la labor defensiva rayó a gran altura Calvet". Calvet s'entenia molt bé amb Raich al camp i eren molt amics fora del terreny de joc.

Josep Raich, de Molins de Rei, era considerat un jugador humil, solidari, treballador. Va ser capità de l'equip quan aquesta figura era un gran referent pels companys, quan s'havia de donar exemple en temps tan difícils com els de la postguerra. Raich va defensar els colors barcelonistes en dues etapes, la primera de 1934 a 1936 i la segona de 1940 a 1945 i sempre va ser considerat un gran futbolista, a més d'una persona afable, propera i, com dèiem, curull d'humanitat.

El 16 de setembre de 1945 Raich es va retirar amb 32 anys i va rebre un homenatge a Les Corts en un partit davant el València. Com li va passar a Calvet, els seus pares al principi no ho veien clar, això de que es dediqués al món del futbol, haguessin preferit que continués el negoci familiar al sector porcí.

Al tram final de la temporada, Calvet va jugar com a migcampista defensiu. L'equip va fer una temporada dolenta, però va guanyar la llavors denominada Copa del Generalísimo. Després d'eliminar al Terrassa, al Sevilla, l'Espanyol i el València, va disputar la final a Madrid (21-6-1942) davant l'Atlhetic de Bilbao de Zarra i Iriondo, amb Escolà com a gran figura, guanyant per 4-3.

Però set dies després tothom tenia el cor encogit ja que es jugava la promoció per no baixar a Segona Divisió. Un 5-1 front el Múrcia, va salvar el Barça. Calvet va haver d'incorporar-se al servei militar. Tot i el privilegi que podien tenir els futbolistes professionals, en algún moment no va poder participar amb l'equip.

Tarjeta d'identitat militar de Calvet. Regiment d'Infanteria. Octubre 1942.

Un article de Mundo Deportivo en una prèvia abans d'un València-Barcelona (6 de juny de 1942) reflectia: *"Calvet no ha podido desplazarse por habérsele denegado el permiso, si bien se hacen gestiones para que el joven y excelente medio pueda trasladarse a la bella ciudad del Túria"*.

1942-43
Calvet s'afiança al mig camp

E l Barça, patia les conseqüències del nou règim, implantat per la força, vivia una implacable persecució arbitral, fruit de l'antibarcelonisme latent. L'equip, que estava dirigit per Josep Nogués, seria segon a la lliga, a quatre punts del Bilbao. Calvet a la primera volta no va jugar -s'alineava amb l'equip reserva-, però a la segona es va convertir en un fix a les alineacions de Nogués com a migcampista defensiu.

BERT. ÀLBUM FAM. ARGILA

A dalt: M. Martín, Benito, Calvet, Betancourt, Rosalén i Curta.
Ajupits: Valle, César, Argila, Raich i Bravo.

29

Es considerava un jugador molt treballador, que participava tant en les tasques de destrucció com en les de construcció del joc. Estava molt ben considerat.

El jove Calvet començava a rebre molts elogis dels mitjans de comunicació.

Era ja un dels jugadors millor pagats. En el seu contracte oficial figurava una assignació fixa de 1.000 pessetes al mes, excepte juliol i agost. A més, tenia una prima de 100 pessetes per partit guanyat a camp propi, de 150 per empat fora i 200 per victòria lluny de Les Corts.

A les següents temporades se li pujaria a 1.200 pessetes l'assignació fixa. En crònica de Mundo Deportivo de 7 de febrer de 1943, després d'un Betis-Barcelona (0-2) s'assenyalava: *"En la línea media, destacaremos a Calvet. Este chico jugó ayer un partido que le abre un magnífico porvenir en el equipo azulgrana; Calvet es un medio de ataque más que de defensa y dió un ejemplo de cómo hay que actuar en este difícil y poco vistoso puesto de medio ala.*

Fué el hombre más destacado de la línea medular azulgrana; y al decirlo así nos interesa destacarlo ya que en Calvet hay un jugador de mucho porvenir para el Barcelona, por su juventud".

Jugava a l'equip Betancourt, un jugador que no va estar gaire temps, però al que l'afecció va idolatrar pel seu domini de la pilota. Els malabarismes que feia van captivar l'aficionat. Era un jugador molt simpàtic i cordial, per la qual cosa es va guanyar l'estima dels seus companys. Català, però de pare cubà, el seu color de pell era negre. Els seus companys el van batejar simpàticament com *"Copito de Nieve"*. Cal ressaltar, d'altra banda, que aquella temporada Mariano Martín va ser el *"pichichi"* de la lliga amb 32 gols.

L'11-1 amb el Madrid

ARXIU FC BARCELONA

Marquès de la Mesa de Asta. President.

Les autoritats van nomenar com a president Enrique Piñeyro, un aristòcrata que tenia el títol de Marquès de la Mesa de Asta i que havia estat condecorat pels seus afers militars a l'exèrcit de Franco. Va ser imposat pel franquisme per controlar la catalanitat del Barça. L'ajudant del general Moscardó era una persona que no tenia cap vinculació amb el futbol. Segons va explicar després de molts anys Narcís de Carreras, en arribar per primer cop a la llotja, el marquès va preguntar "*¿A cuantos goles vamos?*".

A les semifinals de Copa es produiria un dels episodis més esperpèntics de la història del futbol.

El Barça havia quedat emparellat amb el Madrid.

Al partit d'anada 3-0 a Les Corts. La violència continuada per part del Real Madrid va fer que la cridòria al camp durant el partit fou intensa i enervant, però en cap moment va perillar l'integritat física dels jugadors per part del públic, que estava totalment abocat amb el seu equip. Va ser un partit viscut amb molta passió a la grada, amb un joc dur al camp afavorit per la permissivitat del col·legiat, que des de Madrid es va veure com una actitud intolerable del públic.

El Barcelona va rebre una multa de 2.500 pessetes pel "*comportamiento hostil*" del públic.

A la seva crònica del 7 de juny de 1942, Mundo Deportivo elogiava la línia de migcampistes del conjunt blaugrana en aquell partit: "*Rosalén hizo uno de los mejores partidos de su vida, anulando completamente a Pruden y lanzando excelentes balones a la delantera. Y a su lado lucía el fútbol aplomado y científico de Raich, mientras en la otra banda el impetu juvenil de Calvet batallaba para sujetar a uno de los hombres más peligrosos del Madrid, al pequeño Alsúa"*. Al mateix mitjà, i contestant a la qüestió de que s'estava afirmant bé a l'equip, Calvet comentava: *"lo único que sé es que cuanto más transcurre el tiempo de un partido, mejor me siento, podía haber jugado una prórroga. La verdad es que actualment estamos muy bien de fondo todos"*.

Tot es presentava com a flors i violes per superar l'eliminatòria, es respirava optimisme per tot arreu. Ningú es podia esperar el que passaria a l'encontre de tornada.

11-1 a Chamartín el dia 16 de juny de 1943. Sens dubte l'escàndol més gran de la història del futbol espanyol. Pura coacció policial en temps de ple franquisme.

El diari YA, previ al partit de tornada assenyalava: *"En el partido de ida, al silbar a los jugadores del Real Madrid, se veía claramente que los aficionados increpaban a los representantes de España. ¡Ah, si Chamartín ayudase el domingo como la cazuela hirviente de Les Corts... no deseamos más que el mismo apasionante e igual encendido aliento que atronaba bajando de las empinadas graderías... ... del ambiente apasionado y coaccionador que tuvo el Barcelona... ¿Cuando será posible esto en Madrid?"*.

Chamartín va ser un infern per als jugadors catalans.

El Barça va viatjar amb tot preparat per quedar-se una setmana, ja que amb el resultat de l'anada tothom estava convençut que es jugaria la final. L'equip titular estava format per Miró, Curta, Benito, Raich, Rosalén, Calvet, Sospedra, Escolà, Martín, César i Valle.

Calvet recordava que amb cada entrada regalaven un xiulet i que era obligatori agafar-ho si es volia recollir l'entrada. "Quan vàrem saltar al camp la xiulada va ser extraordinària, però nosaltres vam començar amb normalitat tot i que havia un ambient violentíssim, el públic no parava de llençar coses al camp i ens cridàvem "¡rojos!, ¡separatistas!". Va ser un escàndol descomunal en tots els sentits. Vam començar atacant, però aviat ens vam adonar que no podríem guanyar el partit: faltes, fores de joc..., l'àrbitre afavoria descaradament totes les accions del Madrid, així no es podia jugar!. Jo, personalment, quan treia de banda havia d'anar amb compte perquè no em donessin algun cop. Era un infern. En una cantonada, a Sospedra li van llençar una ampolla de vidre que no li va donar per poc i si li agafa de ple... el mata!. Estàvem venuts. Tot estava preparat".

Al descans (8-0 al marcador), els jugadors li van manifestar unànimement a l'entrenador Pepe Noguès que no tornaven a sortir al terreny de joc.

Al poc va baixar al vestidor blaugrana el Director General de Seguretat preguntant si era cert el que li havien dit i va manifestar en to amenaçant: "*No tenemos suficientes medios para solucionar la situación. Salen al campo o de aquí van directamente a la cárcel*". Calvet va ser l'únic jugador que es va atrevir a encarar-se: "*Pues esto es muy fácil, no deje reanudar el partido hasta que tenga la suficiente policía*".

Li va contestar: "*¡A callar, a obedecer, a jugar y... a perder!*".

Aquesta coacció policial va fer que els jugadors sortissin al camp atemorits i nerviosos. L'equip blaugrana va entregar el partit del tot. Quants més gols encaixessin més es notaria que era un resultat anormal. El porter Miró va ser un autèntic estaquirot, fent "l'estàtua" tot el partit -seria el seu últim partit al Barça-.

Calvet recordava que el partit va ser fins al final un autèntic infern i en acabar "vam estar més d'una hora tancats al vestidor, ens negàvem a sortir sense garanties. Finalment, van acordonar l'autocar amb policia muntada i vam poder abandonar Chamartín. Un policia ens va advertir: "*en cuanto enfilen la Castellana, pongan la directa y no se detengan por ningún motivo*".

Els diaris van treure les seves cròniques a l'endemà com si tot hagués estat un mal dia del Barcelona. Si algú va tenir la valentia de criticar aquell esperpent de l'11-1, com el jove periodista de la Falange, del diari El Movimiento, Joan Antoni Samaranch –reconegut espanyolista-, va patir la repressió del règim. Li van treure el carnet de periodista i li van prohibir tornar a escriure. Era quelcom habitual en aquells tristos temps.

Les autoritats franquistes, però, es van adonar de la gran "relliscada" que havien tingut i van canviar totalment la política respecte al Barça. Les relacions entre ambdós clubs havien quedat molt i molt deteriorades.

El Marquès de la Mesa de Asta es va enfrontar amb les autoritats del moment i va acabar convertint-se a la causa barcelonista dimitint després d'aquell esperpèntic partit. Ningú el va poder fer canviar d'opinió, no va tolerar aquella discriminació i, tot i els seus antecedents, va demostrar la seva honradesa i dignitat.

Les repercussions van ser immediates i fins i tot va haver relleu al capdavant del Real Madrid. Van posar com a president Santiago Bernabeu, qui va intentar acostar els dos clubs i ho va aconseguir gràcies a la disputa de dos partits amistosos.

1943-44
Se li valorava el seu esperit de lluita

El general Moscardó, qui estava considerat heroi en la defensa de l'Alcázar de Toledo i cap de la Casa Militar de Franco, estava al capdavant de la Delegación Nacional de Deportes. Va designar president del FC Barcelona al coronel Josep Vendrell, exdirector d'Ordre Públic a La Corunya. Sota el seu mandat es va construir la tribuna del camp de Les Corts, la més gran d'Europa en aquells temps i l'entitat va superar els 20.000 socis. Aquella temporada s'incorporaven el porter Quique -provinent del Castelló-, Elías i Sans.

ARXIU FC BARCELONA

Josep Vendrell. President.

Calvet alternava les seves alineacions al primer equip -de nou dirigit per Nogués-, amb l'equip B. A les cròniques sovint rebia el qualificatiu de "bregador" i bon marcador, encara que se li recriminava una excessiva retenció de la pilota que li perjudicava. No era titular habitual, com diem, però quan jugava era una garantia ja que s'entregava al màxim. El Barcelona aquella temporada jugava més encertat i treia millors resultats fora de casa que a Les Corts. L'equip desplegava un gran joc, tot i que al final va baixar el seu nivell.

A Calvet se li valorava sempre el seu esperit lluitador.

A la Copa del Generalísimo el Barça no va estar a l'alçada. Va ser eliminat pel Sevilla a vuitens de final (5-2 a terres andaluses i 1-1 a Les Corts). Les concentracions es feien a l'Hotel Vallvidrera.

Carnet de jugador de Calvet. Temporada 1943-44.

Josep Seguer

"Calvet era un bon amic, una gran persona"

Seguer va ser company de Calvet en tot el seu periple al Futbol Club Barcelona. Es va incorporar als 16 anys i romandria al club 14 temporades. Després, com a entrenador, va ocupar la banqueta del Betis, va ser ajudant de Kubala al FC Barcelona i, posteriorment, seria tècnic del Lleida, al que va pujar a Segona.

I, donat que era tècnic del filial Condal, va estar un breu període de temps a la banqueta del primer equip blaugrana des de la marxa de Salvador Artigas a l'arribada de l'anglès Buckingham (1969-70), del que acabaria sent ajudant.

En el seu temps com a jugador era considerat com a "comodí", ja que podia jugar en qualsevol posició, era tot un "pulmó" per l'equip. Seguer viatjava en tren de Parets a la plaça de Catalunya, acompanyat de Gonzalvo III -que venia de Mollet-. Després agafaven un tramvia que els deixava prop del camp. Quan acabava l'entrenament -com la majoria de jugadors- treballava, ajudant a la perruqueria que regentava la seva família a Parets.

A Calvet el defineix com una persona "molt alegre, de la broma, amic dels amics, era un noi senzill que sempre estava feliç, era molt bona persona.

Sempre l'he tingut molt d'afecte. Recordo que moltes vegades estava acompanyat del seu pare, que venia a veure els partits".

Josep Seguer també recorda que sempre "ens portava pomes de Sant Joan Despí".

Els inicis al Barça, però, no van ser fàcils per a aquests dos jugadors que acabarien triomfant de blaugranes. "Quan Calvet i jo vàrem entrar, donaven poques oportunitats als que érem tant joves, els veterans eren predominants".

Quan va arribar Kubala, com la resta de jugadors, cobrava més i podia viure millor.

Després Seguer regentaria una fàbrica de gasoses i sifons i participaria en el negoci del seu sogre, que tenia una representació de caves. També va ser representant de cervessa al retirar-se com a jugador.

De la trajectòria de Calvet al Barça recorda que "amb Samitier ja tenia moltes opcions de jugar, però Enrique Fernández el va posar de titular indiscutible. Amb Dáucik a la banqueta, va tenir dues errades de marcatge que van suposar dos gols i un directiu el va escridassar al vestidor. Calvet es va rebel·lar i la seva etapa al Barça va quedar sentenciada".

.

1944-45
Calvet era el "suplent de luxe"

Tornava al club -ara com a tècnic- Josep Samitier, conegut com "el Mag" i com "l'Home Llagosta". Va ser el gran primer mite del barcelonisme. Amb Ricardo Zamora va ser el primer en convertir-se en un ídol en la seva època de jugador.

Amb el seu inseparable cigar era el primer a crear bon ambient i fer bromes als jugadors. Posteriorment seria el descobridor de Kubala. El va veure en un amistós i va dir: "és la peça que ens falta per ser el millor equip del món". Va ser una premonició del Mag.

Samitier duia els jugadors a veure partits de categories inferiors per tal de fer comentaris tàctics en grup i millorar l'estratègia. Va ser el primer precursor de l'entrenador-psicòleg per aconseguir un millor rendiment dels jugadors, tot fent una pinya entre ells. Va implantar, però, un ferri ordre al vestidor.

Als jugadors els hi controlava tot: la forma de comportar-se, de vestir, de menjar... això sí, els jugadors l'idolatraven, el tenien com a un autèntic mestre, estaven totalment abocats amb ell.

El Barça practicava la famosa WM, (tres defenses, dos migcampistes i cinc davanters).

BRANGULÍ. ARXIU NACIONAL DE CATALUNYA

Calvet en una de les seves clàssiques accions defensives en un partit Barcelona-Málaga.

Calvet, a partir d'aquell moment, tot i que era suplent, va començar a jugar amb certa assiduïtat, va participar activament en la consecució del títol de lliga. Se li destacava la seva *"peculiar codicia"* (Mundo Deportivo. 9-12-1944). Era un suplent de luxe, com en Gonzalvo III. Se li valorava la seva voluntat i se'l definia com "entusiasta batallador".

César, que va jugar la temporada anterior com a migcampista, es convertia en la revelació del campionat com a nou davanter centre.

La més espectacular golejada del Barça va ser un 5-0 al R. Madrid a Les Corts, el millor partit de la temporada. Calvet va ser titular aquell dia. Vida Deportiva destacava, sobretot, el gran partit de César i la tasca de la línia de mitjos: "Calvet, Sans y Gonzalvo II se impusieron netamente, agotaron a los medios contrarios y fueron dueños y señores del campo". Va ser un partit determinant per aconseguir el campionat.

El Barça va ser campió de lliga, un punt per sobre del Madrid.

ARXIU SEGUÍ

El Barça es proclamaria campió de lliga la temporada 1944-45.

La veritat és que va ser molt celebrada la consecució del títol perquè anteriorment el Futbol Club Barcelona només havia estat campió d'Espanya de lliga una vegada, la temporada 1928-29, en la primera edició del campionat. Era, doncs, el primer club a inscriure el seu nom en el palmarès de la lliga, però van haver de passar 16 anys per tornar a guanyar-la. Paradoxalment, en les dues edicions va ser en dura lluita pel títol amb el Real Madrid. A la 1928-29 es va decidir a l'últim partit vers l'Arenas de Getxo (0-2) i en aquesta 1944-45 els de Josep Samitier cantaven la victòria a la penúltima jornada, en guanyar l'Atlhètic de Bilbao 5-2 a Les Corts.

Després de l'últim partit, a Sevilla (0-0), els aficionats van rebre l'expedició a l'estació de França i es va iniciar un itinerari que acabaria convertint-se en un ritual sempre que l'equip guanyava un campionat important: es va oferir la copa a la basílica de la Mercè i a l'Ajuntament i, en aquella ocasió es va fer un gran festival musical al Gran Price.

El 2 de juny de 1945 s'inaugurava la nova i moderna tribuna al camp de Les Corts, considerada "monumental" perquè era una de les més grans d'Europa. La inauguració s'emmarcava en el lliurament de la copa de la lliga 1944-45, que es va fer en un amistós front el Nàstic de Tarragona.

1945-46
En plena fase d'expansió, Calvet es lesiona

A quella temporada es va produir un fet insòlit: tres germans, els Gonzalvo, van formar part de la primera plantilla del FC Barcelona. Un jugador destacat d'aquella època era Josep Valle, sorgit del Sants. Era un extrem esquerrà molt tècnic, que feia unes grans centrades. Els companys l'anomenaven *"el Jefe"*. Li va faltar una mica de sort amb les lesions per arribar a ser internacional. Quan es va retirar va muntar un taller de reparació de calçat.

Carnet de jugador de Calvet.
Temporada 1945-46.

Calvet va tenir una gran actuació en el primer partit de lliga, Barcelona-Sp. Gijón (2-0). Mundo Deportivo assenyalava: *"En la medular, el más regular fue Calvet, que batalló incansable los 90 minutos".* A més, va ser decisiu en la consecució del segon gol en treure una falta sobre la porteria asturiana que va propiciar que Martín, de cap, fes gol.

Calvet va ser elogiat. Al segon partit (Espanyol 0-Barcelona 2), el mateix mitjà recollia: *"Calvet fue el mejor medio y uno de los mejores barcelonistas. Desplegó un enorme brío y fue una ayuda constante para la delantera"*.

El Barça va estar derrotat per primera vegada aquella temporada el 5 d'octubre de 1945 a l'Estadio Metropolitano davant l'Atlético de Aviación (actual Atlético de Madrid) per 2-0, en un partit en que Curta va ser expulsat i Calvet va haver d'ocupar plaça en defensa.

Després es produiria una escandalosa derrota per 0-6 a Les Corts front l'Atlhetic de Bilbao. El Barcelona, però, tenia moltes baixes i els bilbaïns, amb un atac format ni més ni menys que per Iriondo, Zarra i Garrinza, va fer estralls. A la jornada següent, el Barça es desquitaría amb una victòria (0-1) al camp del València. El diari valencià Jornada destacava de Calvet: *"Rápido, codicioso, incansable. Con una voluntad a prueba de embotellamientos"*. Malauradament, quan estava en plena fase d'expansió, Francesc Calvet va caure lesionat greument al genoll i va estar molts mesos inactiu.

Quan es va recuperar, va jugar alguns amistosos i diversos partits amb l'equip considerat "professional B", quelcom diferent a l'equip que ara considerem B, el Barcelona Atlètic. En aquells temps se solien alinear jugadors del primer equip que, per circumstàncies diverses, no podien fer-ho amb el primer equip".

El Sevilla va ser la "bèstia negra" del Barça, va amargar les il·lusions barcelonistes aquella temporada. El conjunt andalús va arribar a l'última jornada de lliga a Les Corts com a líder amb un punt d'avantatge respecte el Barça. L'empat a un al final li va donar el títol. Els sevillistes van impedir que el Barça repetís títol de lliga i el van eliminar als vuitens de Copa.

1946-47
Calvet juga poc després de l'operació de menisc

U na lleugera liberalització del règim franquista va permetre a la junta directiva designar president. Agustí Montal i Golobart, un empresari del cotó que no era sospitós d'anar contra el règim, era l'escollit i impulsava la democratització del club.

Aquella temporada va debutar el mític porter Ramallets, que romandria al club fins al 1961, encara que va trigar uns anys a ser el gran porter del Barça. També s'incorporava un jove de 19 anys anomenat Basora, que jugava al Manresa. El Barça i d'altres clubs s'havien fixat en Basora pel seu joc ràpid i incisiu. Les gestions del secretari tècnic del FC Barcelona, Rosend Calvet (com s'ha dit, cap vincle familiar amb el nostre protagonista) van ser decisives per a la seva incorporació al club.

ARXIU FC BARCELONA

Agustí Montal. President.

Francesc Calvet no va començar el campionat ja que seria operat al setembre de la lesió al menisc que arrossegava de la temporada anterior. Aquella campanya, a la que el Barça es mostrava intractable a Les Corts, Calvet no jugaria gaires partits en el primer equip, principalment ho feia a l'equip B a la Copa Catalana. En una de les seves aportacions, però, al camp de l'Oviedo el 10 de febrer de 1947, en el que el Barcelona va ser molt superior (2-3 al final),

Mundo Deportivo reflectia: "Calvet, que tenia la terrible papeleta de reemplazar a un Gonzalvo III, internacional indiscutible, no nos hizo en nada añorar la ausencia del pequeño rubio".

CLARET. ÀLBUM FAM GONZÀLVO

Formació de la temporada amb el camp ple, de gom a gom.

CLARET. ÀLBUM FAM GONZÀLVO

D'altra banda, un fet significatiu va ser que, a requeriment de l'entrenador Samitier per fer més ample el camp, es van retirar les cadires situades al voltant del terreny de joc. Les imatges del camp de Les Corts ple fins aquella filera d'espectadors arran de terra, desapareixia definitivament.

Sortida al camp dels jugadors. Calvet en darrer terme.

Estanislau Basora,
l'amic de l'ànima de Calvet

Estanislau Basora mereix un apartat destacat en aquest llibre per la seva estreta vinculació amb Francesc Calvet. Basora va jugar al Barça entre 1946 i 1958, dels 18 als 30 anys, tota una vida -esportivament parlant- de blaugrana. Actualment està establert a Canàries, encara que els seus viatges a Barcelona són molt freqüents.

Basora, que seria el relleu generacional del gran extrem Sospedra, recorda el seu debut al camp de Les Corts en un amistós davant la Real Sociedad, el 8 de setembre de 1946. El jugador de la Colònia Valls confessa que estava fet un flam, tremolant al vestidor, i un dels jugadors que més ànims el va donar i més va estar al seu costat va ser Francesc Calvet, amb qui va agafar una gran confiança, com després veurem. Serien uns companys molt especials. Basora pertanyia a una família ben establerta. Com passava amb Calvet i els altres jugadors del moment, però, els pares accedien a que els fills juguessin a futbol, però sense oblidar la feina i les responsabilitats de casa. I és que fitxar pel Barça comportava entrenaments diaris i viatges constants.

El pare de Basora, que era director general de l'empresa tèxtil Tolrà, va ser assassinat el 24 de març de 1949. "Un boig va entrar a l'empresa amb una escopeta i va fer una massacre. Va matar el meu pare i el secretari. Va ser molt estrany ja que no hi havia cap motiu aparent perquè succeís allò, no havia hagut cap acomiadament ni cap problema de l'empresa amb ningú, és a dir, cap fet que pogués fer intuir una revenja. Va ser un fet provocat per un malalt mental".

El jove Basora es va quedar consternat, va agafar una forta depressió, ja que la seva mare havia mort quatre anys abans víctima d'una greu malaltia. "Calvet em va dir: mentre no trobis pensió a Barcelona, vine a casa meva. Tinc un agraïment molt especial sempre per a ell i els seus pares. Es van portar molt bé, em van tractar com si fos de la seva família en aquell moment en que jo em trobava sol... i quan algú ho necessita, això no té preu.

L'entrenador Enrique
Fernández i Calvet i Basora
conversant.

A més estàvem molt units. Sempre tens algun company amb qui et fas més, i jo era amb Calvet, era un gran amic". Basora recorda de Calvet que era "molt generós, alegre, teníem una gran amistat i sortíem molt, junts". A més, el que ara pot semblar insòlit, era una realitat en aquells temps: "Calvet era l'únic que tenia cotxe al Futbol Club Barcelona (el famós Topolino). Fèiem sortides i quan anàvem a algun lloc érem els reis, era com si ara es tingués un Ferrari. Ara fa riure, però eren temps diferents, era així. Vam passar estones molt agradables, ara, això sí, a diferència d'altres, cap dels dos era bevedor". Recorda també a Calvet com "molt elegant, sempre anava ben vestit".

Basora ha estat, sens dubte, un dels millors extrems drets de tota la història del futbol espanyol. Feia passades increïbles i excel·lents driblatges. Ha estat sempre un autèntic cavaller i era considerat en els seus temps el prototip de l'esportista perfecte.

Basora reconeix que "gaudia molt amb el futbol, era una distracció, gaudia jo més que el públic. Ho dic de debò, hagués jugat de franc al Barcelona".

Els temps eren molt diferents als d'ara, els jugadors no parlaven de xifres econòmiques: "et pagaven el que volien, jo mai havia demanat res. Abans fitxaves per l'entitat i, per contracte, ja no podies marxar a cap altre club.

El que sí podien era fer-te fora, però no passava com ara, que el jugador vol revisar els contractes i amenaça de fitxar per un altre club".

Els temps han canviat molt, abans els jugadors s'aixecaven a les 6 o les 7 del matí per arribar a l'entrenament. Basora no era una excepció: "Agafava a les 7 l'autobús de Castellar a Sabadell, després el tren fins a Sarrià i d'allà, caminant, fins el camp de Les Corts. A la tornada, el mateix recorregut i, quan arribava, el meu pare em deia que ja havia gaudit prou i que em tocava treballar a la fàbrica". Basora, paral·lelament, estudiava peritatge tèxtil.

Les Corts era un camp molt familiar, recorda Basora, "inclús d'alguns abonats te'n recordaves perquè sempre estaven al mateix lloc i t'animaven. La gent estava molt a sobre, fins i tot havies de demanar que s'apartessin per treure un corner. A Les Corts hi havia, certament, una familiaritat amb l'afecció que després al Camp Nou es va perdre".

Basora ha estat una de les figures més importants que ha donat el Barça. A més, una persona d'una humilitat, amabilitat i senzillesa impressionat, qualitats que compartia amb el seu gran amic Calvet i que el van fer ser un jugador molt estimat per l'afecció barcelonista, a més de guanyar-se també la simpatia dels clubs rivals. "Basora, César, Kubala, Moreno i Manchón", Joan Manuel Serrat va immortalitzar aquella davantera d'or. "Molta gent recorda aquella davantera per la cançó -comenta-, ha quedat constància gràcies a Serrat".

Un campionat que Basora mai oblida és el Mundial de Brasil de 1950 amb la selecció espanyola: "En aquells moments era un gran esdeveniment. Anar en avió tan lluny...!". Per a ell va ser la seva gran consagració com a jugador. Va ser el segon màxim golejador, només superat pel brasiler Ademir. La premsa internacional el va considerar un dels millors jugadors en la seva posició d'extrem dret. La seva actuació brillant a aquell Mundial de Rio de Janeiro va fer que la Delegación de Deportes del Gobierno li concedís aquell any 1950 el premi Baró Güell al millor esportista de l'any, d'entre altres distincions. Al certamen anual que organitzava la revista Vida Deportiva, per exemple, era escollit millor esportista de l'any. Eren alguns dels molts guardons que va rebre al llarg de la seva carrera esportiva.

Les centrades mil·limètriques de Basora al cap de César es van fer famoses perquè quasi sempre acabaven en gol. Ell, però, també era un gran golejador. Va marcar ni més ni menys que 150 gols lluint la samarreta del Barça, constituint-se en un dels màxims golejadors del Barça en tota la seva història. Durant 12 temporades va ser titular indiscutible, va jugar 373 partits. L'afició barcelonista l'idolatrava tant com jugador com pel seu tarannà. Era simpàtic, alegre, optimista.

A partir de la temporada 1948-49, per primera vegada a Espanya, els jugadors van començar a portar número a l'esquena. Avui dia tenen el número de dorsal fix en començar la temporada, fet que es va instaurar a partir de la temporada 1995-96. Abans els números 48 | Francesc Calvet, el pagès que va triomfar al Barça eren rotatius, ja que tot i que un jugador portés habitualment un número, podia alternar amb un altre. Basora va ser el precedent del "número assignat", el 7, que era amb el que sempre s'alineava i se l'identificava. Amb motiu de la seva retirada se li va fer un homenatge el 29 de juny de 1958 al Camp Nou en un partit front l'Enschede holandès (8-3).

Basora sempre recorda una anècdota, quan el Barça va anar a jugar un amistós a París, una cita que es feia cada any. Calvet també formava part de l'expedició. Atenent la situació espanyola, els directius francesos van considerar que estaria bé convidar l'expedició barcelonista després del partit a un cabaret. "Vam estar ballant amb unes dones espectaculars i molt simpàtiques. Ens ho vam passar molt bé. Al sortir del local, tots comentaven la bellesa d'aquelles noies. Al veure'ns tan eufòrics, un dels nostres acompanyants francesos ens va cridar a part i ens va dir que aquelles belleses eren transvestits. Ens vam quedar de pedra, perquè el que havia passat era quelcom impensable per a nosaltres en aquella època. Va ser un tema de conversa en el vestidor durant molt de temps".

Calvet i el seu Topolino

El seu pare sempre va valorar que li ajudés al camp i li va comprar un FIAT Topolino d'importació, el popular i mític cotxe italià llençat al 1936, que va fer autèntic furor pels carrers barcelonins... incrementant la fama de galà que tenia Calvet. Era un "conqueridor", triomfava amb les dones. Inclús la dona d'un excompany revelava: "perquè jo ja tenia el meu nòvio, sinó... perquè era encantador". No revelarem la font. Posteriorment, amb altres parelles de l'equip, sortia amb aquest petit cotxe, al que després va incorporar caravana. Abans ja havia tingut una bona moto, una BSA.

1947-48
Calvet, de la mà de Fernández, esdevé imprescindible

C omençava l'etapa més gloriosa de Calvet. El nou entrenador, l'uruguaià Enrique Fernández -qui havia estat jugador del club- va apostar decididament per ell com a mig volant, aprofitant la seva bona tècnica i el seu coratge. Fernández era un tècnic dels que ara es consideren "psicòlegs", dels que sabien motivar els jugadors. Amb l'arribada de Fernández, Calvet qui, com altres companys, havia entrat en una fase grisa, va renéixer. L'entrenador va veure ràpidament les seves possibilitats i el va convertir en imprescindible a la línia del centre del camp juntament amb Gonzalvo III i Sans.

ARXIU SEGUÍ

Formació d'una temporada en que Calvet va ser un dels jugadors alineat més vegades.

Aquella temporada hi havia quatre equips catalans a Primera: Barcelona, Espanyol, Sabadell i Nàstic de Tarragona. El Barça va ser campió de lliga. L'inici va ser espectacular. L'equip no va conèixer la derrota fins la novena jornada del campionat. Era, certament, un equip extraordinari, amb un atac letal amb l'extrem Basora i el davanter centre César, màxim golejador de l'equip. Els gols de César, un davanter amb el cap d'or per qui uns anys abans el Barça havia pagat mil pessetes (el que serien sis euros d'ara, vaja!), van ser determinants per aconseguir la tercera lliga. Altres punts fonamentals d'aquell bloc eren el porter Velasco, els defenses Elías i Curta, l'aportació dels germans Gonzalvo, de Seguer i, com no, de Calvet, que era un element fix a les alineacions, titular indiscutible.

ARXIU SEGUÍ

Drets: Velasco, Curta, Fernández (entrenador), Gonzalvo III, Elías, Calvet, Gonzalvo II i Mur (massatgista). Ajupits: Basora, Seguer, César, Badenes i Valle.

Va jugar 32 partits. Només el porter Velasco -que rebria el Trofeu Zamora al porter menys golejat-, Elías i Basora van jugar més. A més, va ser preseleccionat per Espanya per disputar un partit contra Irlanda, però no va debutar com a internacional.

Calvet feia la seva tasca de forma eficaç i moltes vegades va culminar magnífics encontres. En alguns inclús va ser considerat el millor del partit. (Mundo Deportivo, 1 de desembre de 1947. Barcelona 2- Atlético de Madrid 1):

"Creemos que el Barcelona debe ayer la victoria a sus medios, y nos parece de toda justicia decir que Calvet fue, en este aspecto, el hombre que mantuvo un partido más regular, el mejor barcelonista". I és que els gols del Barça en aquell partit va iniciar-los ell, el primer amb una gran jugada que va culminar César i el segon després de treure una falta que va acabar en gol de Gonzalvo III.

Tot eren elogis per les actuacions d'un Calvet que aquella temporada es reafirmava definitivament com un jugador important de l'equip. Amb els germans Gonzalvo i Calvet al centre s'alineava una línia mitja fenomenal, molt eficaç. El Barça desplegava un gran futbol en aquesta línia, i amb Basora al davant com a gran figura.

(Mundo Deportivo, 2 de febrer de 1948, Barcelona 2-Sabadell 1): *"De nuevo fue la medular la mejor línea del once y de la misma cabe destacar la excelente labor de Calvet en el eje por la precisión de sus centros y los largos cambios a las alas. Bien arropado por los hermanos Gonzalvo, que se lucieron más en el corte que en la entrega del balón".*

ARXIU SEGUÍ

Drets: Velasco, Curta, Gonzalvo III, Quique, Calvet i Gonzalvo II.
Ajupits: Elías, Basora, Seguer, César, Florencio i Noguera.

El Barça disposava d'un gran conjunt i Calvet va fer grans partits, sempre -cal insistir- arropat pels germans Gonzalvo. (MD. 25 de febrer de 1948): *"En la media, Calvet se está convirtiendo en un magnífico centro. Parece como si al muchacho le fuera mejor este puesto que el de medio ala. Su constante batallar es una buena colaboración en el grupo".*

El diari valencià Jornada, després d'un gran partit València-Barcelona en que l'equip blaugrana va guanyar jugant a un gran nivell, elogiava Calvet (9 d'abril de 1948): *"Eficacísima la línea media. Calvet, en los dos tiempos, incansable, inteligente, oportuno siempre".*

L'equip va fer alguna concentració a un balneari de Caldes de Montbui per afrontar el final de temporada. Al final es va proclamar campió de lliga en superar, a l'última jornada, l'Athletic Club de Bilbao per 3-0.

D'altra banda, el club aquella temporada va celebrar la primera assemblea després de 12 anys. Tornava a ser dels socis.

1948-49
Calvet triomfa en una temporada en que es guanya lliga i Copa Llatina

Els clubs amb més valor aproximat de l'equip, segons reflectia Vida Deportiva a començaments de temporada, eren, per aquest ordre, Atlético de Madrid, Real Madrid, Barcelona i Atlhétic de Bilbao, i els més modestos Valladolid, Sabadell i Alcoyano.

Calvet, respecte de l'ambient de l'equip, declarava després de la seva retirada: "Existia una companyonia entre els jugadors molt diferent a la d'avui dia.

RXIU FC BARCELONA

Per exemple, anavem en colla al cinema". "Quan els del Madrid cobraven un milió de pessetes cadascú, a nosaltres només es pagaven les despeses. Eren uns altres temps. Llavors si que es jugava pels colors".

El Barcelona tenia un equip molt ben unit, amb companyonia... i amb molta classe.

Amb un davanter centre, César -que com el porter Velasco o el mateix Calvet- arribava a reafirmar-se com un jugador genial. Ja en el primer partit de la temporada va fer quatre gols.

Impressionat aspecte del Gol Sud en un Barcelona-València.

De la seva banda, Basora entusiasmava el públic cada diumenge amb les seves ràpides internades.

El nostre protagonista, Calvet, era considerat un extraordinari mig centre, un xic imprecís a l'hora de la passada, però incommensurable tallant el joc del rival.

L'equip va començar la lliga de forma espectacular amb un 6-2 front l'Oviedo i un 1-2 al Real Madrid a Chamartín, en un partit el qual Calvet va salvar, des de la mateixa línia, un gol madridista. Calvet ja començava a comptar en la selecció espanyola, dirigida per Guillermo Eizaguirre, i participava en alguns partits de preparació que es disputaven entre els mateixos preseleccionats. Va començar a jugar alguns partits com a lateral esquerrà, essent considerat una revelació en el seu nou lloc, tot un precedent del que seria la seva definitiva ubicació (lateral dret) amb la que assoliria la major fama.

En el partit de tornada amb el Real Madrid a Les Corts, el Barça va tornar a imposar-se 2-1 i Vida Deportiva reflectia: "Calvet i Gonzalvo III no decayeron ni un momento. Siempre estuvieron bregando". Aquest mateix mitjà, sota el títol "¡Cuidado con los rubios, que son peligrosos!" apuntava: "*Un aficionado madrileño es el autor de la frase, en pleno Chamartín. Efectivamente, los hermanos Gonzalvo resultan siempre peligrosos para el equipo adversario. Pero... no olvidemos a Calvet, que está tan compenetrado con sus dos compañeros de línea, que a cada partido mejora sus actuaciones. Calvet es indispensable y terminará la temporada tan rubio como los dos hermanos de Mollet*".

Pocs mesos després, en la crònica de l'Atl. de Madrid-Barcelona, que van guanyar els matalassers per 2-0, Vida Deportiva es feia ressò d'un fet: "*Cuando Calvet tiró a puerta con aquella estimable malignidad, tan seguro quedó de su acierto que la gran parada de Domingo le forzó a hacer una rabiosa pirueta sobre sí mismo*". Vida Deportiva recollia una altra anècdota després d'un partit en que el Barcelona va perdre i en el vestidor Calvet i César –per cert, dos grans amics-, discutien. El lleonès li recriminava quelcom al de Sant Joan Despí i aquest li contestava: "*Pero ¿tú qué te crees que soy yo... un motor?, para arriba, para abajo...*". El mister Fernández va posar pau en aquesta petita discussió.

Portada de la revista oficial del FC Barcelona. Gener de 1949.

Calvet es va afermar a la titularitat. A finals de temporada, Enrique Fernández el va recol·locar, situant-lo finalment com a lateral dret, posició en la que conqueriria la millor fama. (MD. 9 de maig de 1949): "*Calvet -efecto de un entreno intenso- ha ganado en toque. Y su estilo -limadas ya las asperezas que le afeaban- es de gran figura. Un producto neto, íntegro, de la cantera azulgrana. Una gran figura en la actualidad del fútbol nacional. Y posiblemente un internacional en ciernes*".

En un partit front el València, Calvet va fer un gran paper. És prova d'això l'anàlisi que feia la revista El Once: "*Calvet ha llegado a titular del Barça y frente al Valencia hizo un admirable y estupendo papel. Comparaciones aparte, Sans y Calvet se han ganado el título de batalladores infatigables y su labor oscura, pero tremendamente eficaz, debe ser señalada con piedra blanca. Y sobre la piedra blanca, una inscripción que ponga: "¡Vaya tíos!*".

El diari Llobregat també es desfeia en elogis cap a l'entrenador: "*El ambiente y compañerismo que hay en el club es digno de todo encomio. El Sr. Fernández es un entrenador completísimo y, además, un perfecto caballero*".

Calvet sempre va considerar Fernández com el millor entrenador que havia tingut. Una de les seves frases cèlebres després de conquerir aquella lliga va ser: "L'hem guanyat quatre amics del Vallès i del Baix Llobregat, que ens aixequem a les sis del matí per anar a entrenar". Així era, els jugadors agafaven el tren als seus respectius pobles i després el tramvia (el popular 59), que els deixava al carrer d'Anglesola. D'allí, a peu fins al camp de Les Corts.

CENTRE DOCUMENTACIÓ FCB

Dempeus: Velasco, Curta, Gonzalvo III, Calvet, Gonzalvo II Florencio i Mur (massatgista). Ajupits: Basora, Seguer, César, Elías i Nicolau.

Nou títol de lliga per segon any consecutiu, després d'una dura pugna amb el València i el Real Madrid. Calvet va ser qui més partits va jugar, juntament amb Curta, Seguer i el porter Velasco. Era considerat el més batallador de l'equip. Un defecte, però, que tenia eren els gestos de protesta si considerava que l'àrbitre s'havia equivocat. Ho vivia amb passió.

El Barça seria campió de lliga després de vèncer en l'última jornada l'Espanyol per 2-1. Va guanyar també aquella temporada la Copa Llatina, precedent de la

Copa d'Europa, que disputaven els campions de França, Itàlia, Portugal i Espanya. A la final, disputada a Madrid, es va imposar l'Sporting de Lisboa per 2-1. Va ser el primer gran èxit internacional del club.

La revista El Once dedicava una poesia a Calvet a la seva edició del 14 d'abril de 1948:

> *Esforzado y tesonero,*
> *Y aunque el pase no precisa,*
> *es un jugador entero*
> *que sabe el gazón que pisa.*
> *Y, a pesar de sus defectos,*
> *permitan que yo les diga*
> *que es de los que ha dado más*
> *rendimiento en esta liga.*

En aquest mateix mitjà, a final de temporada el mister Fernández feia les següents declaracions: *"Creo que me he apuntado un éxito. Ahora todo parece claro y sencillo, pero he tenido alguna idea: el mantenimiento de Seguer, la resurrección de Valle y el descubrimiento de Calvet... estoy radiante, encantado, satisfechísimo".*

Aquella temporada César va ser el màxim golejador de l'equip i de la lliga espanyola amb 28 gols en 24 partits. El lleonés, fins la data de tancament d'aquest llibre, és el màxim golejador del Barça de tots els temps en competició oficial, amb 235 gols. César destacava per la seva lluita al camp i per la intel·ligència a l'hora d'interpretar les jugades. Van ser molts famosos els seus gols després de treure's un corner, que solia materialitzar entrant des de darrera en planxa. César seria el màxim golejador de l'equip durant set temporades consecutives (entre 1944-45 i 1950-51). Aquella temporada es retirava Escolà -el gran "padrí" de Calvet-, qui va rebre un homenatge en un partit amb l'Oporto, subcampió de Portugal. Calvet va tornar a fer un gran partit, homenatjant a qui va ser el seu gran mestre. Calvet, acabada la temporada, passava l'estiu ajudant el pare a les tasques del camp, encara que feia alguna escapadeta a la platja. La majoria dels jugadors passaven les vacances als seus respectius pobles, descansant o ajudant en els negocis familiars.

Al mateix temps, en aquest període de vacances, es participava en algun acte social, com ara nedant al "Critérium de los Ases", al que anaven les grans figures de l'esport -més d'un centenar- per nedar 50 metres. Calvet, juntament amb Velasco, Curta, Seguer i Quique, participava a l'Estadi Nàutic de Montjuïc en aquesta competició de natació, que servia per recaptar fons pels projectes de la Federació Catalana de Natació.

No va faltar tampoc -al mes de juliol- la celebració dels títols conquerits, que es va fer a una famoses caves de Sant Esteve Sesrovires. Aquell dia, com a anècdota, val a dir que en la visita a la cadena de producció de les caves, Calvet va voler demostrar la seva habilitat enganxant etiquetes i, quan tothom pensava que l'havia fet bé, va ser rectificat per l'empleada... i es va guanyar l'esbroncada dels seus companys.

L'odissea dels desplaçaments

ÀLBUM FAM. GONZÁLVO

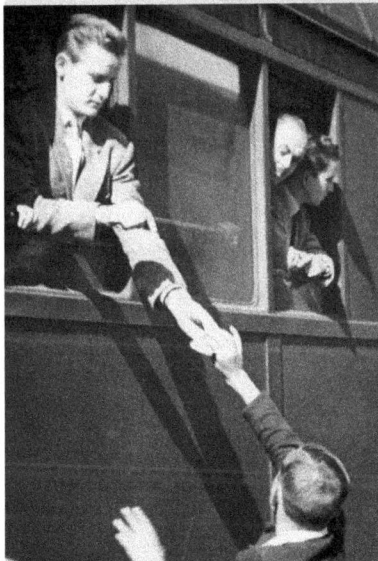

Com fet que ara ens pot semblar inversemblant, els desplaçaments es feien de la manera més econòmica possible. Per exemple, si es jugava a Vigo o a Gijón, l'expedició viatjava en tren. Si el desplaçament era proper, es feia en autobús de gasogen. Per posar un exemple, per jugar a La Corunya diumenge el Barça s'anava en tren dijous; divendres al migdia arribava a Madrid i després de dinar, un altre tren cap a Galícia. S'arribava dissabte al migdia. Diumenge jugaven el partit i dilluns sortien cap a Madrid i dimarts cap a Barcelona per estar a casa dimecres. Sis dies durava el desplaçament per jugar el partit a La Corunya.

En un desplaçament a Valladolid, en aquesta temporada 1948-49, l'expedició es va desplaçar en tren fins Madrid. Va arribar amb tres hores de retard. De Madrid a Valladolid feien el trajecte en autocar, amb la mala fortuna que el vehicle va patir tres avaries, la qual cosa va fer que l'equip quedés retingut a la carretera.

Reciclatge cap a tasques defensives

Estanislau Basora i
Francesc Calvet.

Carlos Pardo, al butlletí que treia el Barça els dies de partit, es referia al canvi de posició al camp de Calvet: *"El caso de adaptación de este muchacho al puesto que el Barcelona ocupa, tiene, a mi modo de ver, un gran mérito, que no siempre los críticos de fútbol hemos reconocido debidamente. Porque Calvet, recordémoslo, era un medio ala que tuvo que adaptarse a medio centro, por la lesión del titular Sans. En realidad, conociendo el juego de Calvet, jugador de rápidos reflejos y con juego propenso a llevarle más a la acción ofensiva que a la defensa de su área, no hay duda que la prueba pudo parecer a muchos arriesgada. Por otra parte, Calvet no parecía hallarse en la edad clásica del medio centro.*

Me explicaré: parece como si un hombre sobre cuyas espaldas vayan a caer tantas responsabilidades, deba ser un jugador de una larga experiencia, un poco de vuelta ya de muchas cosas de fútbol".

Calvet es va adaptar i va triomfar, cobria perfectament un lloc que no era el seu. A partir d'aquell moment es va mantenir, amb algunes tardes amb magnífiques actuacions. Es va començar a especialitzar en tallar pilotes dins l'àrea defensiva. Calvet va destacar especialment en un partit magnífic amb el Real Madrid en el que el seu joc- que va anar de menys a més- va ser determinant. Anava en el seu procés de reciclatge cap a la línia Reciclatge cap a tasques defensives Estanislau Basora i Francesc Calvet. defensiva. Per la seva mobilitat i portentoses qualitats se li va començar a titllar com un "producte del futbol modern".

Carles Pardo, de nou, feia una comparació de tipus mariner de Calvet amb els mig centres d'abans: "podríamos decir que éstos venían a ser como unos acorazados, mientras que Calvet –más rápido y más flexible- es como un "destroyer", dispuesto a acudir a cualquier parte en donde sus servicios sean necesarios. Por el momento, los suyos, son muy indispensables para el Barcelona".

ÁLBUM FAM. GONZÁLVO

D'esquerra a dreta: Biosca, Segarra, César, Benito Díaz (entr.), Calvet i Gonzalvo III.

Campions de la Copa Llatina, primer màxim èxit internacional

Al 1949 es va crear la Copa Llatina, que la disputaven equips espanyols, francesos, italians i portuguesos i que, fusionada posteriorment amb la Mitropa Cup -que es jugava al centre d'Europa- donaria peu a la que seria la Copa d'Europa. Participaven els guanyadors de la lliga francesa (Stade de Reims), Portugal (Sporting de Lisboa), Itàlia (Torí) i Espanya (Barcelona). Espanya va ser l'amfitriona d'aquella primera Copa Llatina, que es va celebrar a Madrid i Barcelona. A la semifinal, disputada entre el Barça i l'Stade de Reims a Barcelona, Calvet va ser titular com a lateral dret i el Barça va guanyar 5-0.

El Barça va accedir a la final, que es va disputar a Chamartín front l'Sporting Club de Lisboa (2-1). Formava amb Valero, Calvet, Curta, Calo, Gonzalvo II, Gonzalvo III, Basora, Seguer, Canal, César i Navarro. De nou Calvet com a titular, en una de les jornades glorioses d'Estanislau Basora. Els catalans van rebre al final del partit una gran ovació de l'afecció madrilenya. A Calvet MD li ressaltava el seu *"verdadero derroche de facultades"*.

Guanyar la Copa Llatina en la seva primera edició, com s'ha indicat, va significar el primer gran èxit internacional del club. El tercer lloc va ser pel

Torino, que va guanyar 5-3 al Campions de la Copa Llatina, primer gran èxit internacional èxit internacional del club.

ALBERGUE
4
CAMINOS

CANALS & NUBIOLA

AL

C. F. BARCELONA

VENCEDOR

DEL

CAMPEONATO DE LIGA

1948-49

Y DE LA

1.ª COPA LATINA

7 julio 1949

El tercer lloc va ser pel Torino, que va guanyar 5-3 al Reims, una classificació molt meritòria ja que l'equip italià, que era el "superequip" europeu del moment, havia perdut aquell any tots els seus jugadors en una catàstrofe aèria a causa de les pèssimes condicions climatològiques en un desplaçament de Lisboa a Torí.

Minuta del sopar de celebració de la Lliga i la Copa Llatina. 7 de juliol de 1979.

L'avió es va estavellar contra el mur de la basílica torinesa de Superga i cap jugador va sobreviure. El Torino es va oposar a que un altre club ocupés el seu lloc en aquesta competició i es va presentar amb un equip gairebé amateur que va deixar molt alt el pavelló.

Els jugadors van fer un recorregut en autocar des de l'aeroport fins la ciutat, escoltats pels aficionats, la qual cosa es convertiria després en una tradició en conquerir un títol important.

Calvet i els Gonzalvo

ARXIU SEGUÍ

ÀLBUM FAM. GONZÁLVO

Calvet i els germans Gonzalvo constituïen la línia de migcampistes de l'època.

Segons manifesta Ernest Gonzalvo, fill de Marià Gonzalvo (Gonzalvo III), "per a la meva família el futbol va ser una opció per guanyar-se la vida". Ernest, director actualment d'una entitat bancària precisament a Sant Joan Despí, reafirma, en referència als seus antecedents familiars, que el futbol en aquells temps servia de sortida "per a persones que segurament haguessin passat penúries". El seu pare, a més, va arribar a un extraordinari nivell i, sens dubte, es va convertir en un dels grans jugadors que ha donat el futbol espanyol. Eren vuit germans, sis homes. Cincs d'ells van ser jugadors de futbol i dels cinc, tres van arribar a ser professionals i van coincidir fins i tot al primer equip del Futbol Club Barcelona: Juli, Josep i Marià (Gonzalvo I, II i III) .

Minuta de l'apat d'homenatge als germans Gonzalvo per part de la Penya Negresco. Dedicatòria a Calvet.

Antoni Ramallets:
"Calvet era un gran company"

 Ramallets ha estat un dels millors porters de la història del Barça i del futbol espanyol en general. Veloç, àgil i, sobretot, molt llest. Va fitxar al 1946 i va ser cedit al Valladolid. A partir de 1949 va ser titular, substituint Velasco. Es va conèixer popularment com "el gat de Maracaná" per la seva actuació al Mundial de Brasil al 1950.

També se li deia "el gat amb ales". Molts anys després Ramallets explicava que els seu nets li preguntaven: "Avi... però tu, on tens les ales?"

Amb Calvet no va coincidir gaires anys, però recorda que amb Basora Francesc tenia una amistat molt especial: "Calvet va acollir Basora a casa seva, va viure amb la seva família". "Jo vaig coincidir poc amb ell, però em va demostrar que era un gran company. Era molt alegre i, de tant en tant, recordo que ens portava una cistella de pomes per repartir entre els companys". "En aquelles èpoques tots sentíem al màxim els colors blaugrana, però recordo que Calvet era molt, molt, molt barcelonista".

1949-50
Gran temporada de Calvet en plenes Noces d'Or

E s van celebrar les Noces d'Or del club en una època amb una massa social nombrosa i un estadi de Les Corts esplèndid. El número de socis era de 26.300, quan deu anys abans era de 4.700.

El FC Barcelona feia una crida en la premsa *"a los patronos de las cases comerciales de la ciudad"* per pregar-los *"permitan a sus dependientes y empleados que lo soliciten, en la forma y compensación que conjuntamente acuerden, la asistencia a los partidos que, con motivo de las Bodas de Oro del club, tendrán lugar en el campo de Les Corts"*. I és que algun d'aquests partits es van jugar en un horari gens habitual com, per exemple, dimarts a les tres de la tarda. A les Noces d'Or es van fer partits internacionals de totes les seccions, conferències, festivals populars, concerts, un banquet... va ser una celebració impressionant.

Cartell de les Noces d'Or del FC Barcelona.

El partit estel·lar del primer equip de futbol va ser front el Palmeiras brasiler. L'equip de Sao Paulo va fer una demostració de rapidesa i desmarcatge i va empatar a dos. *"En realidad son temibles los brasileños porque se filtran con facilidad"*, declarava Calvet a Mundo Deportivo. En aquell partit Calvet va patir de valent per frenar l'extrem de la seva banda.

El 27 de novembre es va jugar el partit contra el Kopenhague danès, un encontre en què Calvet va ser un dels destacats. Abans de disputar-se, va haver-hi una exhibició de sardanes -amb la participació de 600 sardanistes-, l'actuació de l'Orfeó Gracienc i una enlairada de coloms. Calvet sempre recordava que una de les majors emocions esportives de la seva carrera va ser aquella celebració de les Noces d'Or del Barcelona.

Debutava com a titular un porter que anys després seria un mite: Antoni Ramallets. També va donar el salt al primer equip, provinent de les categories inferiors, el central Gustau Biosca, que es convertiria en el líder indiscutible de la defensa blaugrana juntament amb Calvet, fix a les alineacions.

ÀLBUM FAM. GONZÁLVO

A dalt: Ramallets, César, Benito Díaz (entr.), Calvet i Gonzalvo III. A sota: Biosca i Segarra.

Aquella temporada, Ramon Llorens, home de la casa, faria de pont des la marxa d'Enrique Fernández fins l'arribada de Fernando Daucick. S'incorporaven també dos grans jugadors: Manchón i Segarra. Aquest últim arribaria a convertir-se en un dels jugadors més carismàtics de la història del club. Jugaria 16 temporades i es convertiria en el gran capità del Barça.

Amb 528 és un dels jugadors que més vegades s'ha enfundat la samarreta blaugrana en tota la història del club.

L'inici de la temporada va ser increïble. El Barça debutava amb derrota 3-1 a San Mamés i, al segon partit... victòria 10-1 front el Nàstic de Tarragona. En aquest partit, un gol va ser considerat de bandera, el cinquè. Mundo Deportivo ho recollia: *"Saca de banda Calvet de cerca del medio campo. Pasa el balón a Basora. Este, de cabeza, le devuelve y el defensa lateral, sin detenerse un momento, lanza un templado y medido centro a César. El leonés remata formidable y duramente a las redes".*

ÀLBUM FAM. CALVET

El tercer partit, de nou fora de casa, una altra ensopegada dolorosa (6-1 al camp del Madrid) i, de tornada a casa en aquest inici de temporada esbojarrat 7-0 front el Sevilla, en un partit que va tenir tres figures: Calvet, Basora i Seguer, aquest darrer autor de quatre gols.

En crònica de Mundo Deportivo es ressaltava: *"Calvet jugó de defensa central. Lo dijimos ya en otra ocasión, Calvet jugaría bien en cualquier sitio del equipo. Y eso porque es un jugador de arriba a abajo, de cabeza a pies.*

*Calvet -en primer pla-
en un entrenament.*

En el primer tiempo, cuando Navarro jugaba descentrado, Calvet -¡qué portentosas facultades!- cubría en exceso su puesto y el de su compañero e impresionaba verle tan seguro de sí mismo, tan confiado en sus fuerzas.

De todas todas las dió. Que ya es decir. Luego, en el segundo tiempo, cuando el genial Navarro se centró -porque lo hizo centrar él- tuvo arrestos para lanzarse alguna vez al ataque".

En una entrevista al ciclista Emile Rol, que acabava de guanyar la Volta a Catalunya i havia estat ovacionat des del mig del camp en aquell partit, assenyalava: *"El Barcelona tiene un defensa central que cubre mucho terreno".* Li indiquen que era Calvet i que la seva posició de central eracircumstancial: *"Pues pocas veces he visto a un jugador de esa talla i esa fibra. Es inagotable y reúne condiciones de seguridad, colocación y agilidad verdaderamente extraordinarias".*

Calvet en aquell gloriós partit va amargar-li la vida al davanter centre sevillista Herrera, qui manifestava d'ell al final del partit: *"Está jugando horrores. Tiene una zancada de corredor de cross. Se revuelve con facilidad. Igual baja a medio campo que llega cerca de ti al mismo tiempo que la pelota".*

El dia d'Any Nou de 1950 el Barça es va enfrontar en partit amistós al Racing de Buenos Aires (2-1). Sobre Calvet, Mundo Deportivo assenyalava: *"Hizo, ante un hombre de la clase y recursos de Sued, un partido excelente. Fue su actuación la que corresponde a un jugador de cuerpo entero. Batióse con la entereza y decisión que hay que batirse siempre en los partidos en que hay por medio el honor nacional. El joven defensa lateral azulgrana dio ayer una prueba clara de sus posibilidades".* I és que Calvet estava pletòric de facultats. Cal ressaltar com a anècdota que era un dels jugadors més animosos i alegres del vestidor. Eren famoses les seves paròdies de geperut.

Calvet ja estava assentat com a lateral dret de totes totes i, en moltes ocasions era destacat en les cròniques com el millor del partit. Formava una línia defensiva de garanties amb Corró i Curta. Només se li criticava una cosa: que gesticulava massa.

Sempre es mostrava segur i enèrgic en el tall, amb gran flexibilitat i potència. Era un autèntic bregador i va viure tardes brillants i, a més... acabava els partits tan fresc. En moltes ocasions quan li preguntaven al final del partit, deia que no li importaria jugar-ne un altre.

Es considerava el jugador més regular. Va fer grans partits aquella temporada. Era un lluitador tenaç, que suplia amb aquest batallar el seu petit defecte: la poca virtuositat en el toc de pilota. Però està clar que un bon conjunt el composen jugadors de característiques diverses i Calvet era un jugador totalment polivalent, d'aquells que a tot entrenador li agrada tenir a les seves files. Per al responsable de l'equip sempre és interessant disposar d'elements que ho donin tot físicament al camp, donant suport als jugadors més tècnics.

Francesc Calvet continuava sent un jugador imprescindible i, de la mà de Fernando Daucik es va situar i refermar definitivament com a lateral dret, encara que, segons les necessitats, alguna vegada s'alineava de central. Al principi, temia no adaptar-se a la seva nova posició. Aquella temporada tornava a ser qui més partits va jugar de tota la plantilla (34), per sobre dels germans Gonzalvo, Marcos Aurelio, César, Seguer o Basora. Va ser la gran temporada de Francesc Calvet. El diari AS, en una entrevista definia Calvet com un jugador *"de corazón límpio y mente alegre"*.

A qui les coses no li van anar bé va ser al porter Velasco, ja que una lesió a un ull quasi li fa perdre la visió del mateix.

Calvet era ja un fix indiscutible al Barça i també als partits de la selecció catalana i la seva incorporació a la selecció espanyola no podia trigar gaire en arribar. El públic aplaudia les seves carreres per la banda fins arribar a la zona defensiva rival per centrar la pilota al cap de César. *"Hay cantidad grande de jugador en Calvet. Y cada domingo lo está manifestando"* indicava Mundo Deportivo el 17 d'abril de 1950.

Al juny de 1950 Calvet va ser preseleccionat a Madrid per participar al Mundial de Brasil, tot i que feia poc l'havien tret el guix d'una lesió al braç. Aquesta lesió se la va produir d'una manera fortuïta. Era una pilota que s'anava a corner mansament, però que li va agafar una mica desplaçat per allunyar-la sense problemes. Va córrer i va fer un salt de tisora i, en caure malament, es va lesionar al colze. Una lesió que es preveia tindria un període de recuperació de sis mesos, en tant que va ser fulminant, la va recuperar en menys de la meitat del temps esperat.

Calvet no hi prendria part finalment en el combinat espanyol que va participar al Campionat del Món de Brasil. La glòria de la internacionalitat hauria d'esperar una mica més, però ja era considerat un gran lateral dret.

El Diari de Menorca, *"diario insular del Movimiento"*, destacava a l'agost de 1950 Calvet: *"Es de pura cepa barcelonista y sus magistrales actuaciones en los equipos de aficionados pronto llamaron la atención del entrenador irlandés O'Conell –corría el año 1940- verdaderamente subyogado lo injertó de buenas a primeras en el once titular. Desde entonces fue de triunfo en triunfo y el papel de Calvet subió de manera impresionante, seguro, sin titubeos"*.

El diari menorquí afegia: *"Tanto antes como medio centro como ahora como lateral derecho ha descollado siempre. Es uno de los grandes favoritos de la gran família barcelonista, porque nunca defrauda, uniendo al exacto sentido del futbolista profesional el de su gran clase y un tesón enorme que pone en la brega para la defensa de sus colores. Es un jugadorde envidiables facultades, todo un atleta, rebosante de simpatía y de humor. A Calvet, como a Basora, no le ha engreído la fama, es todo sencillez y afabilidad"*. En aquest mitjà el propi Francesc Calvet ja anunciava quin seria el seu futur: *"Cuando me retire del fútbol me dedicaré a la agricultura. Mis padres poseen unas fincas y, al colgar las botas, aunque todavía pienso jugar muchas temporadas, cuidaré de la dirección de éllas"*.

Aquella temporada es va produir la major golejada en un partit de lliga: 10-1 al Gimnàstic de Tarragona. Va ser, no obstant això, una temporada brillant en l'aspecte social, però pèssima en l'esportiu.

Quique:
"Calvet tenia una mentalitat forta"

El valencià Enrique Martín, conegut futbolísticament com "Quique" va defensar la porteria del FC Barcelona com a titular la temporada 1943-44 i després la 1949-50. El porter,des de fa molts anys establert a terres valencianes, es va guanyar l'estima de l'afecció barcelonista ja que era molt valent en totes les seves accions.

Una de les seves peculiaritats, a més, era que mai utilitzava guants. Quique es faria famós posteriorment a l'època barcelonista de Calvet perquè va celebrar el títol de Copa del Barça al 1954 assegut al travesser de la seva porteria. És clar que per un porter tenir una defensa amb garanties dona seguretat, per això destaca la figura de Calvet: "tenia una mentalitat forta, era molt lluitador, s'entregava al màxim". Com a persona afirma que "era molt sincer".

1950-51
Nova gran temporada de Calvet i arribada de Kubala, que revoluciona el futbol espanyol

Mundo Deportivo es feia ressò d'una conversa entre Curta i Calvet en el primer entrenament de la temporada, realitzat a l'estadi de Montjüic: *"-¡Qué ganes tenía de empezar!, le decía Curta a Calvet. -¡Y yo, tengo hambre de pelota! le contestava el de Sant Joan Despí". "Seguer, que venía a su lado, interviene diciendo: -¿Tenéis ganas de pelota?, pues ya somos tres". "Y el doctor Mestres les hace la siguiente advertencia: -Pues id con cuidado porque hay más días que longanizas".*

Arribava un jugador que marcaria tota una època: Ladislao Kubala, que estaria al club fins al 1961. Va revolucionar el futbol espanyol amb la seva classe. Al Barça es va convertir en una fàbrica de fer gols. L'hongarès, que va portar un estil de futbol mai vist a Espanya, acabaria sent un dels jugadors més carismàtics de la història del club.

D'entrada, per problemes burocràtics, només podia jugar partits amistosos que el Barça organitzava perquè l'afició pogués veure el *"crack"*, que era capaç de marcar quatre gols en un partit. Els barcelonistes estaven expectants del seu debut a la lliga, fet que no va ser possible fins a final de temporada.

Kubala va arribar al mateix temps que l'entrenador Daucik, el seu cunyat, però mentre Daucik no va tenir problemes per fer les funcions de tècnic, Kubala va haver d'esperar molt de temps per disposar de tota la documentació en regla.

Daucik va estar, juntament amb Kubala, al camp de concentració de Cinecittà, a Roma, on va formar amb d'altres jugadors de l'Hongria, un equip d'exiliats hongaresos que voltava per Europa jugant amistosos. Samitier va descobrir en aquest equip a Kubala. Els integrants d'aquell equip de l'Hongria serien sol·licitats posteriorment per molts equips occidentals.

Que Kubala fos acceptat com a refugiat polític, va accelerar el procés per tal que pogués aconseguir la ciutadania espanyola. El 12 d'octubre de 1950 es va disputar un partit front l'Osasuna per celebrar la "Fiesta de la Raza", que va suposar el debut extraoficial amb la samarreta blaugrana de Kubala.

La Federació Espanyola de Futbol va permetre posteriorment l'ingrés definitiu de Kubala al Barça i el 29 d'abril de 1951 debutava en competició oficial al primer partit de Copa, al camp del Sevilla.

Dempeus: Ramallets, Dáucik (entrenador), Biosca, Calvet, Segarra, Gonzalvo III, Martín i Modesto (utiller). Ajupits: Seguer, Basora, Kubala, César, Idecoa, Nicolau i Mur (massatgista).

Va iniciar la temporada de forma impressionat César, que va marcar als cinc primers partits de lliga, amb un total de 9 gols, rècord que encara no ha estat superat al Barça.

També la iniciaven a un extraordinari nivell Calvet i Gonzalvo III, el primer per les seves facultats físiques i el segon pel seu magnífic toc de pilota. Calvet, però, va patir una nova lesió i no es va reincorporar fins al 19 de novembre en un partit front el Corunya (2-2). Un encontre al qual el romanès Szegedy i el genial porter Ramallets no van tenir el seu dia. Calvet a la primera part i Gonzalvo III a la segona, van salvar dos gols a porta buida evitant una derrota segura.

L'entrenador, Fernando Daucik va fer famosa la *"tàctica de l'orsai"* amb la recordada defensa: Ramallets a la porteria, Calvet, Biosca i Segarra. Els jugadors acostumaven a aixecar els braços perquè a l'àrbitre no se li passés per alt l'acció antireglamentària. A Calvet ja li anava bé perquè tenia la fama de gesticulador al camp.

L'equip es concentrava en aquells temps a un hotel del Tibidabo les vigílies dels partits. Hi havia companyonia i l'humor era quelcom habitual. L'equip base estava format per Ramallets, Calvet, Biosca, Segarra, Gonzalvo III, Nicolau, Basora, Seguer, Marcos Aurelio, César i Szegedi.

Daucik reconvertia Calvet definitivament en lateral dret, i simptomàticament, encara que no fos la seva funció, per primera vegada aconseguia dos gols en un mateix partit, a Málaga, on l'entrenador el va fer jugar molt avançat. Va ser en dos remats a porta després que Nicolau treiés sengles corners. Al partit anterior, a Les Corts, també va anotar un gol davant el Celta de Vigo (3-1).

Era un jugador imprescindible, vital a l'equip, ja que es considerava molt segur i batallador, però es ressentia sovint de lesions, tot i que sempre la seva recuperació era molt ràpida, per satisfacció de Daucik, que el tenia com una peça vital en defensa juntament, com s'ha dit, amb Biosca i Segarra.

Com a anècdota, en un partit jugat a Múrcia, Calvet es trobava una mica ranquejant. Daucik manifestava en Mundo Deportivo: *"Ya me gustaria darle descanso, pero si puede jugar, jugará, que no hay enemigo pequeño"*. En una acció fortuïta, es va ressentir de la lesió. Per no deixar coixa la defensa, Daucik va posar Martín a la seva posició i va fer pujar Calvet a l'extrem dret. Els jugadors murcians van deixar-lo desmarcat pel fet que estava lesionat. Greu errada. En una acció, Basora li va passar la pilota i, quasi des del banderí de corner, Calvet va centrar molt tancat sobre la meta contrària. El porter del Múrcia es va fer amb l'esfèric però va caure cap enrere amb la pilota i va traspassar la línia de gol, amb la conseqüent desesperació de l'afició pimentonera.

Calvet va ser expulsat en un València-Barcelona ja que va perdre els nervis i va agredir al contrari Badenes, qui l'havia provocat prèviament. Seria expulsat i el Comitè de Competició de la Federació el va suspendre per quatre partits oficials i va imposar una multa al club. El Barça va fer pagar a Calvet l'import d'aquesta sanció. Calvet es penedia de la seva acció: *"Uno, a veces, no puede con sus nervios y... patina"*.

Una vegada complerta la sanció, i a causa de les nombroses baixes, Daucik va plantejar-se alinear d'interior Calvet en la seva reaparició en un partit front el Celta de Vigo. *"No sé como encajaré en el puesto de interior -manifestava Calvet prèviament al partit-, ¡hace tanto tiempo que no he jugado en él!. Si me alineara atrás, de defensa o medio volante, aseguraría en este mismo instante que iba a jugar uno de mis mejores partidos, pero... de interior. Ahora bien, si me ayudara el público y me alentara para que cogiera el sitio, seguro que rendiría".* No obstant això, afegia: *"Saldré a comerme el balón, juegue donde juegue".*

Calvet va jugar efectivament d'interior dret i marcaria un gol en aquell encontre que el Barcelona va guanyar per 3-1. Els altres dos gols van ser obra de César i Basora. El de Calvet va ser el primer, al minut 15, fruit d'un magnífic xut des de fora de l'àrea. ". (MD, 19 de març).

El resultat d'aquell partit va ser enganyós, ja que el Celta va fer un molt bon paper, però Ramallets va tenir una de les seves tardes memorables.

El 15 d'abril de 1951, en la penúltima jornada de lliga, es disputava el derbi Espanyol-Barcelona i, com que el Barça ja havia dit pràcticament adéu al títol, l'entrenador Fernando Dáucik, home que era qüestionat per les seves idees revolucionàries quan a futbol, se li va acudir la idea de "provar" Calvet com a davanter centre, que era un puntal a la defensa, considerat com a imprescindible en les línies de reraguarda. Les conseqüències van ser nefastes ja que el Barça va rebre la golejada més àmplia de la seva història al camp de l'Espanyol (6-0) amb l'eufòria desbordada dels seguidors de l'etern rival. Mundo Deportivo reflectia així l'actuació de Calvet en aquella posició inhabitual: *"Ayer jugó el Barcelona sin delantero centro o, lo que es lo mismo, ocupando este sitio un jugador, Calvet, con mucha voluntad, pero al que se llevó al ridículo inútilmente. La disciplina de un jugador professional ha de llevarle a obedecer las indicaciones y órdenes que le sean dadas, pero de esto a esperar que este jugador pueda obrar el milagro de convertirse en panacea de todos los males, media un abismo. Y Calvet, por mucha voluntad que le puso a la cosa, no pudo, no podía hacer más que lo que hizo. No creo que nadie pudiera esperar más de él".*

El camp de Les Corts es quedava petit amb l'arribada de Kubala.

A la Lliga, el Barça acabaria en un discret quart lloc, però a la Copa -on Kubala ja va poder jugar-, va arrasar. Es va proclamar campió el 27 de maig de 1951 en derrotar a la final, disputada a Madrid, la Real Sociedad per 3-0. Excompanys seus coincideixen en que Kubala era una barreja de força i tècnica en un mateix futbolista, quelcom que en aquells moments no s'havia vist a l'estat espanyol. Era un autèntic "crack", un fenomen de la natura. "Als entrenaments, si li donaves un cop, et feies mal tu", coincideixen els que van conviure amb ell.

El camp de Les Corts es quedava petit per veure les evolucions de l'hongarès. Va ser, sens dubte, l'artífex de la construcció del Camp Nou. Era innegable la tirada del crack hongarès, però ja existia abans la intenció de deixar el vell camp de Les Corts i construir un altre més adient a les necessitats del club. Kubala seria, doncs, l'espoleta.

Cal ressaltar que, tot i que la natura del règim franquista impedia qualsevol tipus d'elecció o consulta popular en cap àmbit, el Futbol Club Barcelona va lluitar sempre perquè els seus socis poguessin manifestar la seva opinió sobre el futur de l'entitat. Així, en el transcurs d'aquella temporada –en concret al novembre de 1950- es va fer un referèndum entre els socis, per aprovar la compra dels primers terrenys per construir el futur Camp Nou. Reiterem que les urnes no eren, ni de bon tros, quelcom habitual. El Barça va mobilitzar prop de 9.000 socis, que van acudir a les oficines del club, al passeig Méndez Vigo, per donar el seu parer i 7.835 d'ells van votar que sí a la compra dels terrenys.

Manchón:
"El recordo com un bon company"

Va jugar al Barça entre les temporades 1948 i 1957, tot i que com a titular va començar a jugar a partir de la temporada 1950-51. Aquest extrem esquerrà ràpid, amb un regat demolidor, posava sempre l'espurna del bon humor al vestidor.

"La veritat és que no puc dic gaire cosa sobre Calvet -comenta- ja que vaig coincidir poc amb ell, però el recordo sempre com un molt bon company".

1950-51 Partits internacionals

La classe indiscutible de Calvet li va portar a la internacionalitat, que era la seva gran il·lusió. Va ser un premi a la seva trajectòria.

Belgique-Espagne
België - Spanje

El primer partit jugat: **BÈLGICA-ESPANYA**. A Bèlgica, a l'estadi Heysel de Brusel·les el 10 de juny de 1951 (3-3), Calvet va ser l'únic debutant amb la selecció. Era la primera vegada que Puchades es quedava a la banqueta. Calvet va ocupar el seu lloc, però es va lesionar al minut 7 i el valencià el va substituir, tot i que Gabriel Alonso va ser qui es va recol·locar a la seva posició, de lateral dret.

Espanya va formar amb Ramallets, Calvet (Puchades), Parra, Gabriel Alonso, Gonzalvo III, Nando, Basora, Venancio, Zarra, Panizo i Gainza. El president de la Federació belga -que, per cert, era capellà- va convidar els espanyols a un banquet després del partit. Va haver-hi dos dies d'esbarjo a Bèlgica abans de sortir cap a Suècia. Calvet, a l'igual que Zarra, Biosca i Panizo, estaven tocats, per

ÀLBUM FAM. GONZÁLVO

Alineació de la selecció espanyola.
Calvet - a dalt, segon per l'esquerra-
va debutar com a internacional.

la qual cosa es va requerir el reforç del madridista Sobrado.

El segon partit: **SUÈCIA-ESPANYA**. El partit internacional amb Suècia, es va disputar a l'estadi Rasunda d'Estocolm el 17 de juny de 1951 (0-0), amb presència del rei Gustavo Adolfo. Van jugar set jugadors catalans. A més de Calvet, es van alinear els barcelonistes Ramallets, Biosca, Segarra, Gonzalvo III i l'espanyolista Marcet. La lesió de Calvet set dies abans no li va afectar i va fer un extraordinari encontre, sobretot al segon temps. Seria felicitat pels seleccionadors. Segarra i Biosca debutaven aquell dia amb la selecció absoluta. Calvet ho havia fet set dies abans com ha quedat dit, a Brusel·les.

Espanya, dirigida pel mític Paulino Alcántara -juntament amb Luís Costa i Félix Quesada-, va formar amb Ramallets, Calvet, Biosca, Segarra, Gonzalvo III (Puchades), Nando, Basora, Sobrado, Zarra, Marcet (Venancio) i Gainza. Els jugadors van rebre una suculenta prima de 10.000 pessetes. Aquest partit és el que Calvet sempre va considerar com el millor que va disputar. Certament, considerant que el marcador es mantenia inalterable i els suecs pressionaven amb força, la defensa espanyola va tallar constantment les seves incursions. Calvet va tenir una actuació destacadíssima per tal que el partit acabés en un meritori 0-0.

La crònica del partit del diari El Alcázar destacava: "*Calvet, Biosca y Segarra han cubierto el terreno, cruzándose maravillosamente, yendo a todos los balones con la misma serenidad y al mismo tiempo con un igual ímpetu, ha sido un verdadero regalo para los que gustan de auténticas emociones deportivas*". Aquest empat no va ser considerat com a dolent, però en global, els dos resultats van ser discrets i va haver-hi crítiques pel trio de seleccionadors. La Federació Espanyola va optar aleshores pel recanvi i va nomenar Ricardo Zamora seleccionador.

Vaga de tramvies

La situació privilegiada dels professionals del Barça contrastava amb la realitat del poble "normal i corrent". El detonant per a una situació social insostenible va ser quan al 1951 es va apujar 20 cèntims del moment el preu del bitllet de tramvia. El poble es va declarar en rebel·lia i va boicotejar l'ús d'aquest mitjà de transport. No va haver una organització premeditada per a la "revolta", però ningú pujava als tramvies com a mida de protesta.

L'estadi de Les Corts va viure un succés prou significatiu amb motiu d'aquesta vaga. El dia 4 de maig el Barça disputava un partit de lliga amb el Ràcing de Santander sota una pluja intensa. Durant el partit es van distribuir per l'estadi nombroses octavetes contra la Dictadura. El Govern no sabia què fer, ja que aquella protesta pacífica era impossible d'impedir.

A causa del mal temps, les autoritats van determinar una circulació intensa de tramvies al voltant de Les Corts, amb la intenció que els afeccionats els agafessin. Va ser un fracàs total ja que els tramvies sortien buits de la plaça del Centre i milers de seguidors blaugranes marxaven a peu a casa seva, en un dels fets més significatius de la història de la postguerra a Barcelona. La censura va impedir que cap diari es fes ressò d'aquest fet, però el govern va haver de fer-se enrere i tornar a posar les tarifes al preu antic.

1951-52
La gloriosa temporada de les Cinc Copes

L'arribada de Kubala havia revolucionat l'equip i el campionat. Amb ell, va sorgir un altre concepte del futbol. Tothom, tots els jugadors el consideraven un fora de sèrie. Els periodistes més lleials a la premsa del "Movimiento" van intentar desestabilitzar aquell equip tant potent. Al maig de 1951, per exemple, a El Correo Español-El Pueblo Vasco es podia llegir: "*En España no necesitamos jugadores hechos en el comunismo*", en clara referència a Kubala. Liderats per l'hongarès (va sumar 26 gols aquella temporada), el club va viure una de les millors èpoques de la seva història i, a més, va significar la consagració definitiva de Calvet. Seria la seva última temporada al Barça, però la més gloriosa i recordada.

ÀLBUM FAM. GONZÁLVO

Una temporada de grans alegries.

Un equip inoblidable que va passar a la història recordat sempre com el de "les Cinc Copes" i que va ser admirat a tot el món. Era un conjunt, a més, amb un lligam d'amistat molt important entre els seus components.

Calvet manifestava: "Existia una companyonia molt gran entre els jugadors. Anàvem junts al cinema, els creients a missa... sempre estàvem junts".

Es va guanyar la Lliga matemàticament el 6 d'abril de 1952, a la penúltima jornada, amb triomf per 7-0 front Las Palmas.

A més, s'aconseguia la Copa (en derrotar a la final de Madrid el València per 4-2), la Copa Llatina i les copes Eva Duarte (per ser campió de Lliga i Copa) i Martini Rossi (trofeu que conqueria l'equip que a la lliga assolia major nombre de gols efectius a favor -diferència de gols marcats i encaixats-).

La final de la Copa Llatina es va decidir amb un gol de César al Parc dels Prínceps de París, davant el campió francès, l'Olimpique de Niça, per 0-1. Els exiliats catalans van omplir el camp de senyeres.

La davantera d'aquell meravellós equip era Basora, César, Kubala, Vila i Manchón, tot i que l'entranyable Joan Manel Serrat l'immortalitzés en la seva cançó "Temps era temps" substituint Moreno per Vila, potser perquè sonava millor.

Un equip inoblidable que va fer història.

El cert és que Moreno va jugar sis partits i va marcar tres gols aquella històrica temporada i l'excel·lent davanter de Santpedor, Jordi Vila, va disputar-ne 26 amb un total de 21 gols. A la temporada següent sí que Moreno va jugar més partits que Vila. "*Moreno*" era el sobrenom de Tomás Hernández Burillo, interior aragonès que era molt lluitador i eficaç.

Kubala, sens dubte, era el punt de referència. Les xifres ho diuen tot. Per exemple, en un partit front l'Sporting de Gijón que va acabar 9-0, Kubala va fer... set gols!, establint un rècord, ja que és el jugador que més gols ha marcat en un sol partit en tota la història del Barça.

El camp de Les Corts tenia una capacitat per a 20.000 espectadors inicialment i, amb les successives ampliacions va poder allotjar fins a 40.000, però amb Kubala es quedava petit.

L'hongarès era un home senzill i afectuós. Així és com el recordaven els seus excompanys i així és com ell va dir en el seu dia que li agradaria que el recordessin. Li agradava, però, la gresca i sovint s'escapava de la concentració de Vallvidrera amb els companys que el volien seguir (queda el dubte de si Calvet era un d'ells o no), el que sí és cert, és que si els enxampaven després, eren sancionats tots menys l'hongarès -el "protegit", l'indiscutible líder-. Els jugadors van guanyar força diners i de forma prou equitativa, tret de la gran figura: Kubala, que triplicava a la resta.

87

Al final d'aquella temporada, el diari AS definia els jugadors: Segarra, "*una institución*"; Seguer, "*una alegria continua en el juego*"; Biosca, "*un baluarte defensivo*"; Ramallets, "*un portero eterno*"; Manchón, "*un extremo completo*"; Vila, "*dió un gran rendimiento*". CALVET, "*un sacrificado por el juego bonito de los demás*".

Calendari rotatori de la temporada 1951-52

"*Juanito*" Segarra, va ser un jugador fonamental en aquell equip de les Cinc Copes. Ramallets, per la seva banda, va rebre el trofeu Zamora al porter menys golejat. Va encaixar 74 gols, mentre que l'equip va anotar-ne ni més ni menys que 169 gols.

Després de guanyar la Copa Llatina, l'equip era aclamat per la gent, que s'amuntegava a tots els pobles, tot just passar l'autocar per la frontera. L'expedició va anar al famós restaurant Europa de Granollers. Allà es va concentrar una gentada impressionat. L'autocar de l'equip era el que ara està exhibit a la zona d'aparcament del Camp Nou.

A finals d'aquella temporada Barcelona va acollir el Congrés Eucarístic Internacional, el primer que es celebrava després de la Segona Guerra Mundial. Cardenals, bisbes... i milers de religiosos s'aplegaven a Barcelona.

Després de la final de Copa contra la Real Sociedad a Chamartín.
Per Calvet seria l'última temporada com blaugrana, però la més gloriosa.

Era un intent de reafirmació del règim per donar la impressió de que Barcelona era una ciutat catòlica (per això no es va fer a Madrid).

En principi, el jugadors Marcet (Espanyol) i Kubala (Barcelona) havien de ser els representants dels clubs futbolístics catalans a la Santa Missa que es celebrava amb motiu del Congrés. Kubala no va anar-hi finalment perquè Daucik "li va treure el mort del damunt" i va enviar Calvet a fer el "paperot", amb qui tenia una relació més aviat tibant.

Les Cinc Copes es troben exposades al Museu del Barça.

Vila:
"Calvet sempre ens portava fruites del seu camp"

Vila era un davanter centre de gran qualitat, que va brillar al costat de Kubala a la línia d'atac del mític equip de les Cinc Copes. Va tenir un paper destacat a la Copa de la temporada 1951-52 ja que va marcar a tots els partits, set, i va fer nou gols. Vila va ingressar al Barça procedent del Badalona.

El seu fixatge el va fer Samitier, qui li va oferir 1.000 pessetes mensuals. Després de la seva etapa barcelonista va anar al València i, quan es va retirar del futbol va establir la seva residència a Ciutadella (Menorca).

Va jugar al Barça de 1950 a 1954. "No vaig coincidir gaire temps amb ell, però Calvet era molt simpàtic, amable, molt bona persona. Acostumàvem a sortir plegats en el temps que vàrem coincidir. Recordo que sempre estava disposat a fer favors. Sovint als companys ens portava fruites del seu camp (pomes, cireres...)". "Era molt amic de Basora -sempre compartien habitació als desplaçaments- i també de César i Raich. Amb ells era amb els que més sortia".

El maleït partit a Madrid

En el partit a Madrid d'aquella temporada, Calvet va tenir una actuació desencertada. Sempre va reconèixer que no va estar bé, però pensava que aquest fet no devia significar una creu en la seva trajectòria al club.

En el transcurs del descans d'aquell encontre, Calvet va tenir una agra discussió amb un directiu, qui li va retreure que, per culpa seva, el contrari havia marcat dos gols. Calvet es va encarar perquè sempre ho donava tot i no acceptava que li recriminessin una manca d'aptitud.

Estava indignat i el seu caràcter afable, -però no ho oblidem, fort- no va propiciar una reconciliació, ja que també va perdre la confiança del secretari tècnic, que era, ni més ni menys, en Josep Samitier.

Calvet sempre va dir que en aquell partit, l'únic que va passar és que va tenir un mal dia, i li va saber molt greu que l'acusessin de determinades coses, sent com era, un barcelonista íntegre.

1952
Calvet, retingut

E l club havia perdut la confiança en Calvet. Reconeixia el seu brillant estat físic i tècnic i, que podia seguir essent un jugador molt vàlid en les següents temporades, però va acabar amb el clixé de rebel. El dia 22 de març de 1952 Calvet enviava una carta al president del FC Barcelona, Agustí Montal, en la que ressaltava *"la fidelidad y cariño a este querido Club de Fútbol Barcelona, al que le debo todo lo que he sido y seré"*.

Poc abans de finalitzar la temporada, Calvet va tenir una rampellada pels consells d'un bon amic: anar a jugar a Sud-amèrica, concretament a Veneçuela, on el futbol era incipient i estava en fase de rellançament.

El 4 d'abril de 1952 Calvet tornava a escriure una carta al president del Futbol Club Barcelona sol·licitant la rescissió del seu contracte per fitxar pel Deportivo Español de Veneçuela. Assegurava *"mantener el barcelonisme toda la vida, aún estando alejado de España. Le hago la firme promesa, señor presidente, de que una vez cancelados mis compromisos con el club de Caracas no me inscribiré ni jugaré en ningún club espanyol sin antes ofrecerme, por escrito firmado, al Club Futbol Barcelona, por si puede necesitar de mis servicios"*.

Calvet continuava tenint un bon cartell, com ho demostra un article publicat a La Vanguardia el 5 de juny de 1952 en el que se li feia una crua comparació amb Martín, després d'un partit de preselecció entre Espanyai Irlanda jugat a Chamartín: *"Martín no agradó a nadie, ni a él mismo. Para nosotros es mucho más medio que defensa y, desde luego, más completo zaguero que él nos pareció siempre Calvet. Más flexible, aún siendo lo envaradoque es, pero*

Calvet reúne más seguridades para las pelotas largas, sobre las que hay que esprintar, que Martín, cuyo espíritu batallador se amolda mejor al combate de cuerpo a cuerpo y a la pegajosidad del medio volante. En todo lo que sea arrancada sobre más de cinco o seis metros en busca del adversario, que es la tarea del defensa lateral, Martín, por su temperamento irá pisando siempre sobre la incertidumbre. Calvet, más frio, más sentado, no".

En acabar la temporada, el 27 de juny de 1952 el FC Barcelona enviava una carta certificada a Calvet, a la que, entre d'altres coses, indicava: "*Caducando el día 30 del mes en curso el contrato que Vd., en su condición de jugador profesional, nos suscribió el día 20 de septiembre de 1947 y no habiendo sido posible llegar a una inteligencia para la renovación del mismo... nos hemos visto precisados, muy a pesar nuestro, a hacer uso del derecho de opción sobre Vd., previsto en la Circular nº 27 de la Real Federación Española de Fútbol, que tenemos a su disposición. En su consecuencia... continuarà Vd. sujeto a la disciplina de este club".*

Calvet quedava, doncs, a disposició del club, però sense possibilitats de jugar.

En aquesta postergació, només va jugar partits amistosos, però a un alt nivell i la gent volia veure'l als partits oficials o, al menys, que el deixessin marxar a un altre club pel gran paper que va fer a les temporades que va militar al club.

1952-53
Calvet deixa el Barça i fitxa per l'Oviedo

El dia 27 d'agost de 1952 Calvet escrivia una altra carta al president del Futbol Club Barcelona: *"Recordará usted que en el curso de la pasada temporada le escribí una carta en la que exponía mi propósito de trasladarme a Venezuela para jugar en el Club Español, de Carácas, y me consta que el Consejo Directivo de su digna presidencia, hizo lo procedente para que pudiera convertir mis proyectos en realidad. Posteriormente, sin embargo, y por diversas circunstancias que no es el caso exponer, desistí de tales propósitos. Ahora, ratificando por escrito cuanto le tenga manifestado verbalmente, acudo nuevamente a usted para hacerle un ruego parecido, que, aunque no lo motiva ninguna intención de abandonar España, sí se refiere a mi firme determinación de causar baja en las filas del Barcelona y seguir jugando por un club de otra región, al que desearía ser transferido en la forma que usted juzgue conveniente"*.

Sens dubte, aquell partit a Madrid de la temporada anterior en què Calvet va tenir una mala actuació va derivar en greus conseqüències per a ell. Alguna crítica a la premsa (s'havia qüestionat inclús que s'havia venut al Madrid!!!) i la discussió amb un directiu, van fer que perdés la titularitat. El 27 de setembre de 1952, el famós periodista Alfredo Rueda li feia una entrevista al diari DICEN...: *"Un mal día del año pasado, al C.F. Barcelona le batieron en Madrid por 5 goles a 1. La derrota, pese a la forma estrepitosa que tuvo, no impidió al Barcelona proclamarse campeonísimo, y ya nadie se acordaría del tropezón si de éste no se hubiera derivado una consecuencia: la separación de Calvet del equipo.*

El internacional azulgrana desapareció como si se lo hubiera tragado la tierra. ¿Qué pasó con Calvet? ¿Qué hizo Calvet para merecer tan dura sanción? ¿Es verdad que cuando el entrenador le dijo: "Usted debe marcar mejor a Ansuaga en este segundo tiempo", usted le contestó: "Yo marco a quien me da la gana"?

Estas preguntas, y otras por el estilo, formula la afición de ti.

Tú, ¿qué dices, Calvet?

- Aún no se ha dicho algo más, y que no me importa que se sepa, sinó que, por el contrario, quiero añadir a cuanto dicen de mi. Que me vendí al Real Madrid. Sí, no te extrañe. Después de servir al Barcelona casi desde niño, de haber jugado defendiendo sus colores con un entusiasmo que me dió el título de internacional, se me achacó en la forma más improcedente una derrota de la que tuvimos la culpa todos. ¿Te comunicaron que no formarías más en el equipo?

- ¡Qué va! Durante el medio tiempo tuve unas palabras con un directivo. Calmados los ánimos, le pedí perdón. Él me abrazó y me dijo que todo estava olvidado. Después, no he vuelto a jugar.

¿Te entrenas?

- Sí, y he demostrado estar en forma cada vez que se ha terciado la prueba.

¿Has recibido proposiciones por parte de algún equipo?

- De varios. Y la última y más interesante, por parte del Oviedo, pero el club no me da la baja.

¿No tenías que marcharte a América?

- Sí, fue en un momento de ofuscación, pero a mí me resulta muy penoso marcharme de Barcelona, y no digamos ya de España.

¿Te marcharás del Barcelona?

- Yo lo que quiero es jugar. A mi no se me hubiese ocurrido jamás marcharme, pero si consideran en mi club que no puedo prestar mis Servicios de jugador, o que no sirvo, no es justo que me tengan postergado, existiendo otros equipos donde me ofrecen posibilidades de continuar jugando. No puede olvidarse que

soy jugador de fútbol por vocación y por profesión, que dejé de jugar siendo internacional, y que he defendido los colores azulgrana desde el principio de mi carrera deportiva. Si cuanto digo no merece un atenuante a la falta de disciplina que se puede cometer, es cuestión de ir pensando qué quiere decir deporte o deportista.

Cedemos la palabra al Club de Fútbol Barcelona".

Aquella temporada la baixa més notable del Barça seria precisament la de Francesc Calvet -considerat ja un veterà a l'entitat-, qui posava fi a 14 anys de barcelonisme.

El president de l'Oviedo es desplaçava el 8 d'octubre de 1952 a Barcelona per deixar tancat el seu fitxatge. L'Oviedo signava un document en què adquiria el compromís de no cedir ni traspassar durant la temporada, a Calvet i, en cas d'incompliment, hauria d'indemnitzar al FC Barcelona amb 50.000 pessetes. Al Barça Calvet cobrava en aquella temporada 3.000 pessetes al mes i una gratificació de 150.000 pessetes.

Una nota del servei interior de la Comissió de Futbol a caixa i comptabilitat del Futbol Club Barcelona de data 10 d'octubre de 1952, indicava respecte del traspàs del jugador a l'Oviedo: *"El jugador Francisco Calvet debe causar baja en la nómina de jugadores profesionales del club por haber sido transferido al Real Oviedo".*

L'Oviedo li feia un bon contracte a Calvet. Va pagar 350.000 pessetes pel seu traspàs i l'establia una assignació de 150.000 pessetes en cadascuna de les tres temporades per les quals va signar contracte. Immediatament després, Calvet va oferir un dinar de comiat als seus companys i amics i un sopar als periodistes esportius.

El Correo Catalán, aquell mateix 10 d'octubre de 1952 li feia una entrevista que concloïa així: *"Calvet, con evidente emoción, nos rogó que le despidiéramos del público barcelonista. Calvet se ha ido, pero los aficionados del Barça no le olvidarán fácilmente, ya que ha sido el prototipo de los jugadores con verdadero pundonor profesional".*

Calvet va sortir del Barça de forma silenciosa, sense l'homenatge que segurament hagués merescut. No va marxar sol a l'equip asturià ja que li acompanyaven Escudero i el transilvà Szegedi. El diari "La Prensa" publicava sobre el fitxatge de Calvet per l'Oviedo: *"Parece ser que el Barcelona se avino a bajar la cifra de 500.000 pesetas que pedía el Oviedo porque este le cedió a Emilín y Herrerita durante nuestra Cruzada, y esto ha pesado para rebajar, creemos nosotros, la cantidad como interés de un agradecimiento pasado"*.

Un dia després, el diari Marca reflectia: *"El hecho en sí es que el Barcelona se priva de un elemento valioso, sin que existan razones que lo justifiquen ante sus aficionados y socios. Aquel incidente de la pasada temporada, producto de una acusación injusta y una contestación violenta por los nervios desatados, no ha tenido, por lo visto, el arreglo Deportivo que merecía"*.

Que marxés del Barça va ser una decepció per als afeccionats. Deixar el club de la seva vida va ser el gran disgust també de Calvet. Un jugador que tenia una frase cèlebre: *"No concibo jugar al fútbol más que defendiendo los colores azulgrana"*. Ell sempre havia manifestat que la il·lusió més gran de la seva vida hagués estat retirar-se al Barça.

Va marxar a l'Oviedo amb ganes de defensar també aquells colors, però nostàlgic i trist per haver de deixar el Futbol Club Barcelona. Marxava, als 31 anys, un jugador que des dels 17 va defensar els colors blaugrana sempre amb el mateix entusiasme, amb generositat per col·laborar als grans èxits assolits pel club.

L'Oviedo, el seu nou club

El diari REGIÓN destacava el 21 d'octubre de 1952 el partit Oviedo-Celta (4-0) al camp de Buenavista, que significava el debut de Calvet: *"El tan traído y llevado Calvet debutó como jugador ovetense. Y su debut no fue debido a su buena forma, sinó que a Urquiri y a Calvet les obligaron las circunstancias. Un jugador de la clase de Calvet no podía fracasar pese a tan largo paréntesis sin actuar, pese a que entrenó muy pocos días. Calvet sabe, sabe mucho. Sabe tanto que, para que el veloz Eliseo no le toreara de cerca, lo marcó de lejos. Sólamente aquel pase profundo que hizo el catalán finalizando la primera parte ya dice de la clase de un jugador. Calvet, no preparado total-mente, gustó y convenció. Y como irá a más, todos celebramos el sensacional fichaje".* I afegia: *"Se temía al Celta y se esperaba con impaciencia el debut de Calvet. Ha hecho un partido tranquilo y sereno, sin arriesgar demasiado porque no hacía falta. Ha demostrado su categoría de internacional".*

Contracte de Calvet amb l'Oviedo.

Calvet, a l'esquerra, amb els jugadors ovetencs Mandi, Toni i Pita.

La sort no acompanyava Calvet a la seva nova etapa asturiana. Quan jugava el seu quart partit de lliga, front l'Espanyol a Sarrià, es va lesionar novament el genoll i es va perdre quasi tot el campionat.

A més, l'equip asturià va fer una temporada discreta. Sota la direcció tècnica de Luís Urquiri, va acabar en novena posició, anotant 63 gols i encaixant-ne 62.

99

Ara bé, va donar la gran sorpresa derrotant al seu estadi de Buenavista al FC Barcelona de Kubala (3-0), que al capdavall seria el campió. El Barcelona va ser ineficaç cap al marc contrari... o l'Oviedo molt eficaç en defensa. La Vanguardia ressaltava: *"El Oviedo ha jugado un partido pleno de entusiasmo, sin decaer un solo instante. Con un Argila segurísimo en la defensa de su marco y tres defensas que no han tenido un solo fallo, especialmente Calvet"*.

ÀLBUM FAM. JUAN MESA

Cromos de l'Oviedo.

La defensa de l'Oviedo: Toni, Luisín i Calvet. Ajupit el porter Argila.

ÀLBUM FAM. ARGILA

Equip de l'Oviedo que va guanyar al Barcelona per 3-0.

La segona temporada va jugar 17 partits, El consideraven un excel·lent jugador, però no va tenir gaire sort per la seva lesió a poc de començar la primera temporada.

BERT. ÀLBUM FAM. ARGILA

Aquesta va ser la lesió, al camp de l'Espanyol, que va suposar la retirada definitiva de Calvet com a professional.

Argila:
"Em vaig retrobar amb el meu antic company Calvet"

 El gran porter Ferran de Argila Pazzaglia, fill de pare català i mare italiana, no va acabar de tenir sort quan era jugador al Barça. Va jugar de 1939 a 1943, etapa a la que va coincidir amb Calvet. Va començar en el món de l'esport al bàsquet, per la seva alçada. Després, el pare de l'exjugador Boschnel el va convèncer per jugar a futbol.

La presència de Nogués, i posteriorment de Miró, li van barrar la porta de la titularitat al Barça, però després va demostrar la seva categoria a l'Oviedo i va arribar a ser internacional.

Va destacar sempre pel seu blocatge dels balons i el seu domini del joc aeri. Les circumstàncies de la vida van fer que acabés retrobant-se amb Calvet a l'equip de la capital asturiana.

BERT. ÀLBUM FAM. ARGILA

Calvet i Argila a la seva etapa ovetenca

Sens dubte, Argila ha deixat empremta en aquesta vida, no només per la seva trajectòria esportiva... sinó pels seus 8 fills i 22 néts. Argila, com passava amb Quique, jugava sense guants. Després va ser entrenador. Va dirigir, entre d'altres, l'Oviedo, l'Sporting de Lisboa, el Córdoba, el Rácing de Santander i l'Espanyol (tenint a les seves files jugadors com ara Di Stefano, José María o Mingorance).

BERT. ÀLBUM FAM. ARGILA

Argila llançant-se als peus del sempre perillós Basora.

"Calvet va fitxar per l'Oviedo i això suposava retrobar-me amb el nano, com jo li deia" -manifesta-. Revela que a Calvet li va costar una mica adaptar-se al seu nou lloc de residència, a la capital asturiana. Tot i estar acostumat a viatjar -per cert, no li agradaven gens ni mica els avions- sempre havia viscut a Sant Joan Despí.

"Quan va venir a Oviedo, recordo també que estava una mica espantat pel clima, per a ell va ser un canvi radical. La veritat és que a Calvet li va costar adaptar-se a la vida asturiana. Recordo també que anàvem a beure sidra i s'estranyava del fet de beure tots en un mateix got, li feia una mica de fàstic". Argila es desfà en elogis cap a Calvet: "Era molt agradable, simpàtic, una persona sana i bona".

Essent jugador de l'equip asturià Calvet va manifestar: "Soy barcelonista hasta la médula. Si en la actualidad formo en otro conjunto es porque soy profesional y deseo jugar". Es va sentir a gust en l'equip asturià. Va jugar a la defensa i al mig del camp.

Una entrevista al diari DICEN..., després del partit del Barça a Oviedo: *¿Impresión tuya del Barcelona en Oviedo?*

- Encontré al equipo, francamente, desmotivado.

¿En qué aspecto?

- Más lento. Yo no sé si paga ahora las consecuencias de una excursión intempestiva a Caracas o el esfuerzo acumulado de los dos últimos años.

Mejor el Barcelona de cuando tú jugabas que este último que has visto?

- Sin duda alguna. Y conste que no creo que si éllo era así fuese por influencia mía.

Y, ¿terminas con el Oviedo?

- Me queda un año más, pero mi padre me necesita hoy más que el Oviedo y miraré de llegar a un acuerdo con el club.

Sens dubte la gran figura de l'Oviedo era el porter Argila, tot i que havien molt bons jugadors com ara Luisín, Mandi, Toni o Szegedi, jugador aquest últim que, com s'ha dit, va marxar del Barça a l'Oviedo amb Calvet i que quan va retirar-se del futbol va muntar a la capital asturiana una bolera americana que va ser tot un èxit.

L'Oviedo va treure un còmic de caire seriós per a cada jugador. En el de Calvet deixava palès qui era ell i quins eren els seus sentiments. A la publicació ovetenca es concloïa amb la següent frase: "*...haciendo constar de que siempre ha sido amante del deporte, especialmente del fútbol, y que será barcelonista hasta el fin de sus días, pues en nada ha decrecido su cariño hacia el club de sus grandes triunfos. No dudamos de que así es en realidad*".

ÀLBUM FAM. JUAN MESA

Alineació de l'Oviedo. Març de 1953.

1953
Adéu a la seva etapa
com a futbolista professional

L'equip asturià havia baixat a Segona Divisió, després d'una campanya certament desastrosa. Calvet va veure que, després del descens, era un jugador car per a l'equip asturià i va decidir anar-se'n sabent que l'Oviedo no podria pagar les quantitats pactades. Va renunciar al contracte que tenia d'una temporada més i a la quantitat acordada, 150.000 pessetes, que era molt important en aquella època.

En una entrevista al diari Marca, responent a la pregunta de perquè s'anava renunciant al que li pertanyia *"cuando ningún jugador del mundo lo haría"*, Calvet mostrava una vegada més el seu tarannà que el va fer una persona admirada per tothom que el coneixia: *"Lo ha hecho Calvet. El dinero no es lo más importante en la vida. Por encima de todo está la propia estimación".* I afegia: *"No creo que yo sea un caso único en la historia. Lo harían muchos jugadores. Sirva, sin embargo, como demostración de que, contra lo que muchos piensan, el futbolista no lucha, no pelea, algunas veces hasta con violencia, sólo por el afán del dinero. Hay valores más apreciables en la vida del deportista que una cuantiosa prima".*

L'11 de maig de 1954 es formalitzava l'expiració del contracte amb l'Oviedo i la fi definitiva de la seva carrera professional.

Es retirava als 32 anys, tot i que l'Olimpique de Marsella es volia fer amb els seus serveis i li va fer una oferta. Calvet, però, no tenia cap ganes d'anar a França. "Els vaig fer una contraoferta desproporcionada, els demanava la Lluna i ja em vaig imaginar que no l'acceptarien". Es va oferir al Barça ja que, com s'ha dit reiteradament, la seva il·lusió i el seu somni hagués estat retirar-se al Futbol Club Barcelona, però no va ser possible.

Va tornar a Catalunya i el va convèncer l'entrenador Benito -excompany seu- a enrolar-se al Club Esportiu Europa, on formaven altres exjugadors de prestigi com ara Joanet. Va jugar a l'equip de Gràcia una temporada i després va deixar definitivament el futbol com a jugador. L'esport, però, era la seva passió i no deixava escapar qualsevol oportunitat de retrobar-se amb els seus amics i fer algun partidet.

Dedicatòria a Calvet per part dels seus companys de l'Oviedo en la minuta del sopar de comiat.

Partit de futbol sala. A dalt: Basora, Gonzalvo III i Betancourt. A sota: Biosca, Rueda i Calvet, al poliesportiu del carrer Lleida.

Records després de la seva retirada

Calvet es definia com a jugador: "Era impetuós, fort, valent, expeditiu... però també tècnic". A qui més li va costar marcar -fins i tot més que a Gainza- va ser a Gento: "T'havies d'anticipar a ell perquè ha estat l'exterior més ràpid que he vist". Calvet va viure una època en que, tant ell com els que van ser els seus companys, coincideixen en que aquells equips estaven formats per una colla d'amics ben avinguts. L'esperit de solidaritat sempre era present al vestidor blaugrana.

Aquesta era l'opinió de Calvet sobre els entrenadors que va tenir:

- Llorens: "extraordinari, sempre preocupat en treure nous valors".
- O'Conell: "un cavaller a l'anglesa, una bellíssima persona".
- Planas: "metòdic i modest".
- Guzmán: "no parlava quasi per por d'ofendre".
- Nogués: "nerviós i autoritari".
- Trio de seleccionadors: "enamorats de les meves característiques jugant".
- Samitier: "vaig aprendre molt amb ell, era un gran psicòleg i em va corregir defectes".
- Fernández: "amb molta personalitat, va fer una pinya del conjunt".
- Daucik: "va resultar bo en funció de caure davant una persona la breva d'un gran equip, molt cohesionat".

El seu record més agradable va ser haver marcat contra l'Hércules d'Alacant a Les Corts. Recordem que el Barcelona patia un dels pitjors moments de la seva història. La derrota hagués significat el descens a Segona Divisió i el seu gol va ser determinant per salvar l'equip d'aquesta taca en la seva història. Era el segon partit en que va vestir la samarreta del Barça. Després de debutar en un partit davant el Betis, el van alinear en aquell partit memorable davant l'Hércules (temporada 1939-40), "en el que havíem de guanyar imperiosament perquè si no... el Barça baixava a Segona! Vaig fer un gol i l'Herrerita un altre, i amb 2-1 es va salvar el club d'una hecatombe en la seva història".

Germans AULEDA:
"Jugàvem a l'equip d'en Calvet"

Amb motiu de la lesió que, desgraciadament, va patir Calvet la seva primera temporada a l'Oviedo, passava més temps a Barcelona, a Sant Joan Despí, que a la capital asturiana. Una ment inquieta com la seva no podia permetre's el luxe d'estar de braços creuats molt de temps. No anava amb el seu tarannà. A Sant Joan Despí va agafar una colla de nanos que havia format el santjoanenc Pey i va muntar un equip. Va trobar aquella colla i la va acollir. Josep Auleda, conegut pastisser de Sant Joan Despí i integrant d'aquell equip —era l'extrem esquerrà- ho recorda: "Jugàvem al camp del Sant Joan Despí, però no havia vinculació amb l'entitat, érem "l'equip d'en Calvet". Ell assumia totes les despeses. Teníem entre 10 i 12 anys i ens convidaven a jugar partits de festa major als municipis del voltant. Ens guanyaven perquè eren més grans, però el futbol maco el posàvem nosaltres".

"Recordo -afegeix- que Calvet ens feia tàctica amb pissarra -la qual cosa en aquells temps era totalment innovadora- i ens ensenyava la forma de respirar després de fer un esforç. La veritat és que ens feia uns entrenaments fantàstics.

"L'equip d'en Calvet".

Ens ensenyava tècnica i la forma de tirar les faltes i els penals tal com ho feia en Kubala. Va ser una experiència molt maca per a tots i, fins i tot algun jugador, com ara Josep Pey -fill de l'impulsor de l'equip-, va arribar lluny, va fitxar per l'Espanyol".

Els jugadors que van formar part d'aquell equip el tenien en un pedestal "l'adoràvem" -recorda Auleda- "i en acabar el seu periple, li van voler fer un detall: recaptant diners entre tots, li vam regalar una gran ampolla amb un vaixell a dins, que Calvet va conservar amb molta estima".

Auleda recorda que, per circumstàncies, va anar de gran a parlar amb ell i tenia al seu despatx aquell regal que li van fer els seus "nanos". També recorda una anècdota que li van explicar de Calvet. "El petit Francesc, de nen, era molt entremaliat i una vegada, al sortir del col·legi, no va anar a casa. La mare, desesperada, l'estava buscant per tot el poble i en un moment donat li va explicar a una veïna el cas. La mare era sota una casa antiga i mentre ho comentava el que no podia imaginar és que el petit Francesc es trobava allà mateix, enfilat sobre la gran porta d'aquella casa".

El seu germà, Sebastià Auleda, qui seria delegat del juvenil de la Unió Esportiva Sant Joan Despí en l'època en què Francesc Calvet va ser president, era el porter d'aquell equip que va crear Calvet. "Calvet ens va ensenyar a no jugar al "patadón", sinó amb tècnica i ens va explicar les regles del futbol. Em van quedar molt gravades algunes posicions que deia als jugadors, per exemple, quan l'equip contrari treia un corner o una falta enganxada a la cantonada, un jugador havia de posar-se sempre tocant el pal contrari al porter. Ell això ho tenia molt clar. Ara, però, no es fa tant. Una altra regla que ell tenia i sempre ens deia era: "portareu la pilota als peus, però es juga amb el cap... i sempre amb el cap alt, perquè si jugueu mirant la pilota topareu amb el contrari i no passareu, però si porteu la pilota al peu però penseu amb el cap, esquivareu el contrari i veureu a qui l'heu de passar". "Una vegada" -continua- "va fer una exhibició per incidir en que el jugador ha de portar el cap alt i no mirar la pilota. Va travessar tot el camp sense mirar l'esfèric".

"Ell jugava alguns partits amb els veterans del Barça, partits de Festa Major, -afegeix Auleda- i portava el seu equip, el nostre, per fer el partit preliminar. La veritat és que jugàvem millor que altres conjunts que estaven federats".

En acabar la seva etapa professional a l'Oviedo, aquell equip ja estava integrat a la Unió Esportiva Sant Joan Despí.

Sebastià Auleda guarda un record inesborrable de Calvet i assenyala: "mai he sentit ningú parlar malament d'ell". "Era -apunta- un home de camp. A can Calvet tenien treballadors, era una casa aposentada. Ell podia haver-se ficat al món dels negocis, perquè als exjugadors el Barça els ficaven a un lloc o un altre i li van proposar. Podria haver-se fet tractant de mercaderies, de fruites, però, pel seu caràcter, va voler dedicar-se directament a les tasques del camp".

Sant Joan Despí (posterior a la seva retirada)

Casa familiar de Calvet, la de tota la vida.

Tornava al camp, en aquest cas de conreu, on va néixer. Era l'hereu. El seu pare sempre havia volgut que es fes càrrec de les seves terres. I així va ser. "Quan ets jove et menges el món, després et fas més gran i modifiques la teva manera de ser", manifestava al Butlletí de la Gent Gran de SJD. "Torno a dedicar-me a la pagesia, a la tasca que he viscut sempre, al camp, sempre envoltat de fruiters, de pomes i préssecs".

Pràcticament no sortia de Sant Joan Despí. Les feines del camp li ocupaven molt de temps, però Calvet era molt dinàmic, una persona molt activa, i va col·laborar en qualsevol aspecte relacionat amb el seu municipi.

Al 1955, amb Joan Babot, exjugador del RCD Espanyol i també de Sant Joan Despí, formava part de la comissió esportiva de la Unió Esportiva Sant Joan Despí, amb tots els equips base del club santjoanenc. L'equip juvenil va destacar, en quedar campió del Llobregat. També entrenava al segon equip de l'entitat.

Calvet passava a exercir d'entrenador dels equips base de la UE Sant Joan Despí.

Florenci Puig:
"Donava la seva roba als treballadors"

Florenci Puig era veí de Calvet: "Tenia bona relació amb ell, em deia "el nano" ja que jo era més jove". Puig recorda que Escolá el va fer entrar al Barça i recorda també "les costellades que es feien a can Calvet per als companys del futbol". Una casa de pagès que avui dia està quasi bé integrada al municipi de Sant Joan Despí, però abans quedava una mica aïllada del nucli urbà. Una de les coses que més li cridava l'atenció a Puig és que quan Calvet es cansava de la seva roba "la donava als treballadors de casa seva, en especial a l'Emilio -el mosso que tenien fix-, que es posava tan content".

Joan Cabanillas:
"Tot el que tenia, t'ho oferia"

Joan Cabanillas és president del Foment Cultural i Artístic en el moment d'edició d'aquest llibre, del que precisament havia estat també president Calvet entre 1955 i 1959.

És alhora, amic dels fills de Calvet. "De nen anava a jugar a can Calvet, jugàvem per tota la casa, per les cambres... i també ajudàvem a recollir les pomes i després ens feien un piscolabis. Calvet i la seva dona eren persones impressionants".

Cabanillas recorda Calvet com una persona "accessible, humil, sincera, tot el que tenia t'ho oferia, les portes de casa seva sempre estaven obertes... una persona que s'oferia a tothom, meravellosa en definitiva".

Joan Capdevila:
"Vam ser companys de camp"

El santboià Joan Capdevila, de cal Tirito, va conèixer molt d'aprop en Francesc Calvet, no com a jugador de futbol sinó com a pagès: "Érem veïns de camp, ens separava el riu. Els nostres respectius pares tenien un caràcter fort, però havia una relació bona. El Ciscu era molt obert, parlàvem del camp, de la fruita... coses de pagesos".

Els Calvet havien de traspassar el riu en carro i havien de passar pels terrenys dels Capdevila -que els tenien tancats- per no fer una gran volta.

"Els hi donàvem la clau perquè passessin, ja que hi havia una molt bona relació, teníem molta amistat. De vegades, els hi deixàvem eines, quan els feia falta".

Capdevila recorda també que el pare de Calvet "havia tingut carxoferes en aquella finca, que era molt maca, de quasi tres hectàrees". No obstant això, la fruita sempre va ser predominant a la producció dels Calvet. "Tenien pomes starking (de color vermell intens) i la popular golden (la reina de les varietats grogues)", és a dir dues de les pomes més gustoses, dolces i cruixents. "I també tenien préssecs gavatx Sant Jaume, els millors del mercat". Durant molts anys, com que no hi havia tractors, es treballava amb cavalls o mules amb arades. "El Ciscu Calvet tenia un cavall blanc molt maco, després ja es va comprar un tractor".

Com a anècdota, Joan Capdevila recorda que tant ells com els Calvet tenien peres blanquetes. "Ells cada any tenien peres i nosaltres no i això que els nostres camps estaven al costat, els tallava el riu. Estàvem estranyats i un dia ens ho va explicar. Era gracies a la "pastilla", vitamines fertilitzants.

També recorda que una vegada Calvet va fer una costellada al camp, "van anar Kubala, els germans Gonzalvo, César, Biosca... van fer una gresca grossa tots plegats".

Jucund Caldés:
"Calvet era molt agradable i noble"

A més d'entrenador del segon equip de futbol de l'equip de la seva ciutat, la Unió Esportiva Sant Joan Despí i tècnic dels equips base, Calvet va ser secretari tècnic i també jugava algun partit amb els veterans d'aquest club.

Jucund Caldés era porter en el segon equip del Sant Joan Despí quan entrenava Calvet. "Era molt agradable i molt noble -recorda-. A mi sempre em deia que tingués en compte que al camp el qui té més avantatge és el porter, ja que pot agafar la pilota amb les mans". Caldés recorda que "explicava molt bé les errades de cada jugador". "Alguna vegada havia vingut acompanyat de Kubala als entrenaments. Encara recordo els potents xuts que feia l'hongarès a la meva porteria".

"Calvet era molt afeccionat al dominó, venia a jugar al Foment. Tothom se l'estimava pel seu caràcter. Recordo que el seu pare sempre volia que treballés al camp. Ell feia el que podia. Quan era jugador l'ajudava en acabar els entrenaments".

Presidència del Foment

Calvet va ser president del Foment Cultural i Artístic de Sant Joan Despí del 1955 al 1959. Sota la seva presidència va portar orquestres i espectacles importants per amenitzar festes i balls. Al Foment, en aquella època també havia taules de billar, futbolí... i s'oferien projeccions de cinema. En aquella època, entorn el Foment s'organitzava tota la vida cultural, esportiva i associativa de Sant Joan Despí. Va acollir les secretaries de diferents entitats. Era l'espai vertebrador de la vida social i associativa local. La societat, que comptava amb 550 socis, era considerada una de les millors del Baix Llobregat i, durant la presidència de Calvet, es van condicionar les instal·lacions, segons consta als llibres d'actes d'aquella època. Una de les grans aficions de Calvet va ser el ball. "El ball és molt beneficiós. Hagués estat bé aplicar-ho a les sessions d'entrenament en futbol" (Butlletí de la Gent Gran). El cert és que en aquells temps la gent relacionada amb l'esport estava molt sensibilitzada amb la música i el ball. Sense anar més lluny, l'emblemàtic massatgista Àngel Mur cantava òpera.

Calvet, al 1957, volia deixar la presidència, però va aguantar dos anys més.

Imatge històrica (a dalt) i actual (a sota) del Foment CA de Sant Joan Despí.

Façana del Foment Cultural i Artístic, imatge històrica a l'esquerra i actual a la dreta.

Va voler acomiadar-se organitzant la celebració d'un gran ball de vestits regionals, que tindria lloc el 31 de gener de 1959, amb una bona orquestra i guarniment de la sala amb una catifa de confeti, banderetes i globus. Va ser un èxit.

El 18 de març de 1959 deixava la presidència d'aquest equipament cultural.

Contrau matrimoni als 35 anys

JOSEP MORERA FALCÓ

Es va casar relativament gran, al 1956, quan tenia 35 anys, amb Maria del Carme Gil, també de Sant Joan Despí, i va tenir quatre fills: Iolanda, Francesc, Jordi i Maria del Carme.

Amb motiu del seu casament, l'Agrupació de Futbolistes Veterans -de la que formava part li va retre un homenatge. Els components de l'Agrupació es van desplaçar a Sant Joan Despí per jugar un partit front l'equip alemany del Sporttkulb Shchwalach, que la setmana següent s'enfrontava en un altre partit contra els exjugadors barcelonistes.

A Calvet se li va lliurar una insígnia d'or. Era, fins a la data, l'únic jugador solter que formava part de l'agrupació des de la seva fundació feia llavors un any i s'havia alineat fins aquells moment en tots els partits organitzats pels exbarcelonistes.

Calvet genera un macroclub a Sant Joan Despí

Francesc Calvet va ser escollit president de la Unió Esportiva Sant Joan Despí, tasca que va desenvolupar entre els mesos de setembre de 1965 i 1968. Sota el seu mandat, va tenir la iniciativa de convertir el club en una entitat oberta a tots els esports. Així, va decidir aplegar al voltant de l'entitat totes les activitats esportives que es feien a la població i incorporar-ne altres de noves.

Calvet -dempeus segon per l'esquerra- va jugar un temps al primer equip de la Unió Esportiva Sant Joan Despí.

Posteriorment a la seva retirada, es va alinear sovint amb l'equip de veterans del club santjoanenc.

En aquells tres anys, va impulsar la creació de les seccions de ciclisme, handbol, bàsquet, hoquei patins, beisbol i natació, que s'afegien a la de futbol. Va crear, per tant, un macroclub que va possibilitar que el jovent practiqués esports diversos a Sant Joan Despí.

L'any 1966 es fundava, també, la secció ciclista de la UE Sant Joan Despí, que avui dia, funcionant de manera autònoma com a club ciclista, és una de les entitats més prestigioses d'aquest esport.

D'altra banda, Calvet es va alinear en diverses ocasions amb l'equip de veterans de la Unió Esportiva Sant Joan Despí.

Calvet recollint un trofeu en un partit dels veterans del Sant Joan Despí.

Dues imatges de l'equip de veterans de la UE Sant Joan Despí, del que Calvet formava part.

1967-1984
Altres dedicacions de Calvet

Va ser escollit regidor d'Esports de l'Ajuntament de Sant Joan Despí. Va exercir el càrrec fins al 1974. Participaria en diverses comissions, d'urbanisme principalment, ja que cal recordar que en aquells temps no hi havia als ajuntaments regidories específiques, com ara Joventut, Cultura o la d'Esports, que hagués estat la més adient per a ell. També era membre del Consell de Regants.

Formava part també de la junta directiva de la Penya Barcelonista de Sant Joan Despí i, a més, va ser declarat Soci d'Honor d'aquesta entitat. Al fundar-se la penya li van demanar consell. Anava a les reunions de junta i sempre explicava anècdotes.

Calvet va mantenir sempre la seva vinculació amb la penya barcelonista de la seva ciutat, essent membre consultiu de la junta directiva.

Amics de Calvet:
"Érem una colla que fèiem excursions i barbacoes"

Calvet era un esportista nat. Tots els diumenges i festius anava a fer tennis al Club de Tennis El Molí de Sant Joan Despí. Ho feia sovint acompanyat de Kubala, qui després de donar-li a la raqueta es banyava a la piscina descoberta, encara que fos hivern. I a l'estiu anava a jugar amb un xandall complet per suar. A l'igual que Kubala, Calvet era un gran afeccionat al tennis, esport que va practicar fins al 75 anys.

Al voltant del Club de Tennis El Molí, les primeres pistes tennístiques que es van crear al Baix Llobregat, es va gestar una bona colla d'amics de la que Calvet formava part. En aquestes instal·lacions, a més, es trobava l'única piscina del municipi i això també va propiciar que un grup de persones amb infants fessin amistat. Els Vaqué, Carrasquer, Vives, Viñes, Andavert, Gelabert i Calvet formaven una pinya. Feien excursions, barbacoes, celebraven el Carnestoltes...

Calvet -a la dreta- amb el seu grup habitual d'amics.

Francesc Andavert, creador i actual gerent del Tennis El Molí, indica que cada dilluns de Pasqua "fèiem una costellada a can Calvet, anàvem des d'allà on estiguéssim. El foc es feia amb forments de vinya i Calvet i Marcel Vives s'encarregaven de fer-ho i, mentrestant, aprofitaven per menjar-se les millors costelles, tirant de porró. Un any recordo que es van menjar totes les "de pal" i ens van deixar a nosaltres la resta".

Emilia Camprubí reafirma que en aquelles barbacoes "els cuiners eren sempre el Ciscu Calvet i el meu marit Marcel. Com que tots dos eren pagesos, mantenien llargues converses mentre feien la carn". Camprubí recorda també que quan celebraven la revetlla de Sant Joan a casa dels Calvet substituïen els petards per explosions de carbur, amb els aparells tipus canó que utilitzen els pagesos per espantar els ocells.

Calvet amb la seva dona.

Andavert recorda també que moltes vegades anaven a terres de l'Ebre, a Sant Jaume d'Enveja, a la finca d'arròs dels Camprubí. "Calvet no era afeccionat a la caça, però una vegada es va apuntar i va venir amb nosaltres a la caça de l'ànec.

Per anar a aquestes caceres cal anar amb indumentàries de colors molt discrets i Calvet es va presentar amb un anorac vermell llampant. No vam caçar ni un ànec i no ens vam atrevir a dir-li que es treies la peça ja que feia fred. Calvet era molt alegre, una bona persona. A casa seva no explicava gaires coses relacionades amb el Barça, però a nosaltres sí que ens contava moltes anècdotes".

El grup feia força sortides, sobretot a la Cerdanya, i fins i tot més lluny. Ramon Carrasquer recorda una anècdota d'un viatge a Menorca que van fer quatre parelles del grup en vaixell: "A Calvet això d'anar en vaixell no li agradava gaire. Va dir que es marejava i va pujar a coberta. Es va tirar unes quantes hores agafat a un pal i, en arribar a Barcelona, el vam trobar ple de sal, blanc de dalt a baix, semblava una estàtua de sal. Era entranyable, amic dels seus amics, guardo un gran record d'ell".

Calvet amb alguns dels seus excompanys davant l'autocar situat al Camp Nou, una rèplica del que utilitzaven a la seva època de jugadors.

ÀLBUM FAM. SEGUER

Un instant de trobada al local de l'Agrupació de Veterans. D'esquerra a dreta: Basora, Kubala, Calvet, Segarra, Gràcia, Biosca, Gonzalvo III i Seguer.

Un poliesportiu amb el seu nom

La seva trajectòria esportiva, afegida al seu tarannà senzill i la seva humanitat, que sempre havia calat a fons a Sant Joan Despí, va fer que rebés un reconeixement molt important de la seva ciutat. Al 1996 es prenia la determinació per part de l'Ajuntament de Sant Joan Despí de posar el seu nom al poliesportiu municipal de la ciutat, que havia estat inaugurat vuit anys abans.

ARXIU AJUNTAMENT DE SANT JOAN DESPÍ

Foto del grup el dia que se li va posar el nom de Francesc Calvet al poliesportiu de Sant Joan Despí.

"Vaig plorar de l'emoció. No podia articular ni una paraula". Aquesta va ser la reacció de Francesc Calvet quan l'alcalde de Sant Joan Despí en aquells moments, Eduard Alonso, li va comunicar que se li retria un homenatge i que el poliesportiu municipal portaria el seu nom.

"Els homenatges, desgraciadament, -manifestava al Butlletí de Sant Joan Despí- es fan quan un és mort. A mi se'm fa en vida i això ho trobo meravellós".

Imatges del "bateig" del Poliesportiu Municipal de Sant Joan Despí amb el nom de Francesc Calvet.

A l'acte, celebrat el 10 de novembre de 1996, va assistir el que era president del FC Barcelona, Josep Lluís Núñez i alguns dels que van ser companys seus com ara Kubala, Biosca o Vergés.

Josep Lluís Núñez, manifestava: "Calvet va ser un jugador emblemàtic de l'època daurada del club; el conec fa molts anys i felicito l'Ajuntament de Sant Joan Despí per la iniciativa de batejar el poliesportiu amb el seu nom".

Posteriorment Calvet destacaria a la revista local: " No és perquè porti el meu nom, però aquest poliesportiu és fabulós. M'estic engrescant a fer bicicleta al gimnàs i anar a la sauna. Penso que la gent gran ha de fer esport, cadascú dins de les seves possibilitats".

El poliesportiu ha anat progressivament millorant amb nous serveis i, al març de 2010, es va convertir en un dels millors de Catalunya en incorporar una zona de *"wellness"* de primer nivell.

Material de difusió del poliesportiu Francesc Calvet.

ARXIU AJUNTAMENT DE SANT JOAN DESPÍ

Calvet va arribar a fer esport
al poliesportiu que porta el
seu nom.

Al 2010 és va inaugurar la zona de wellness al poliesportiu.

1999
Homenatge als exjugadors

om a jugador, Calvet no va conèixer cap altre camp que el de Les Corts. Al Camp Nou només hi va jugar a l'homenatge a Ramallets. Però tornaria a trepitjar la gespa del coliseu blaugrana. A l'abril de 1999, amb motiu del Centenari del Barça, el club va retre homenatge als exjugadors de totes les èpoques. La història viva del club en les diferents generacions es donava cita al Camp Nou en una cerimònia curta però emotiva. Els més antics, com Calvet, es van sentir protagonistes de nou, rebent l'ovació del Camp Nou. Les notes del Cant del Centenari van obrir la desfilada i els exjugadors van sortir agrupats per èpoques, tots amb la bufanda al coll. Calvet va sortir, com és lògic amb els més veterans, acompanyat de Gonzalvo III, Seguer, Cabanes, Iborra o Valle i, a partir d'aquí els que havien entrat entre els 50 i els 60: Kubala, Ramallets, Basora, Manchón, Segarra, Vergés, Fusté... fins entrar en el capítol més "contemporani" en el que Johan Cruyff es va portar la palma de les ovacions.

Tots, els de totes les generacions, van cantar l'himne del Barça des del mig del camp. Per tancar l'acte, la sorpresa final: sis nois es van despenjar des de la tribuna de l'estadi deixant darrera d'ells una estela blau i grana. L'endemà els exjugadors van anar a Montserrat per fer una ofrena floral a la patrona de Catalunya.

Després, l'11 de desembre de 2000, Calvet va estar present a l'acte de col·locació de la primera pedra de la Ciutat Esportiva Joan Gamper de Sant Joan Despí. Calvet no es desvincularia mai del Barça, es va integrar a l'Agrupació de Veterans i, d'aquesta manera, continuava veient-se amb els seus antics companys. "Recordo -comenta Francesc Calvet fill- que ho va sentir molt al 1995 quan va morir César". I és que el gran golejador lleonès va conviure amb Calvet bona part de la seva vida barcelonista.

Acte de col·locació de la primera pedra de la Ciutat Esportiva Joan Gamper.

Francesc Calvet fill: "Mai va donar importància a tot el que havia fet"

Els seus fills recorden que a casa seva no es parlava de futbol. Fins i tot no es veien els partits per televisió. Francesc Calvet ho justificava en el seu dia al Butlletí de la Gent Gran de Sant Joan Despí: "El meu metge m'ho té prohibit. Em poso molt nerviós, el cor em va molt de pressa. Amb les cames faig com si hagués de xutar jo. He sentit i sento tant els colors del Barça, que no puc evitar-ho".

Reportatge a doble pàgina dedicat a Calvet a l'octubre de 1980. Diari AS. Calvet va enviar un comunicat felicitant al diari per aquest reportatge.

Reproducció en miniatura de les cinc copes a can Calvet. Es van donar a cada un dels jugadors d'aquella temporada.

El seu fill Francesc opina que era "molt humil, no es va donar mai a sí mateix el valor que tenia, tot el que va fer".

"Recordo que m'explicava que jugaven amb botes de tacs alts, molt pesades. Quan el Barça va fitxar Marcos Aurelio, aquest venia amb tacs de goma, flexibles. Li deien que amb aquelles botes es faria mal -cal recordar que les pilotes eren de cuir cosit-, però xutava i corria com ningú i, a partir d'aquí, el Barça es va interessar en aquelles sabatilles de futbol, lleugeres i esportives".

Marcos Aurelio era un interior esquerrà argentí -no brasiler com es pot intuir pel seu nom-, que no era gaire tècnic però sí incansable. Va arribar al Barça provinent del futbol mexicà i va passar a la història per ser qui va marcar el gol 1.000 a la lliga.

El fill de Calvet recorda que quan el seu pare es va retirar del futbol es va dedicar al camp, era el que li agradava. "Tenia molts contactes, s'havia reunit inclús moltes vegades amb Joan Antoni Samaranch, i podia haver fet qualsevol cosa, però el camp li tirava.

Ajudava al meu avi, després va agafar les regnes i més tard era jo qui feia les tasques i ell m'ajudava. Mira que passaven hores junts!, doncs el tema de conversa no era mai el futbol. Alguna anècdota futbolística sí comentava de tant en tant, però no era tema habitual de conversa".

Calvet fent de pagès, ajudat pel seu fill Francesc.

Calvet no va deixar mai de dedicar-se a les feines del camp.

Darrers apunts

Ara sembla estrany que al pare de Calvet no li acabava de fer el pes això de que el seu fill fitxés pel Barça i es dediqués al futbol. Avui dia segur que qualsevol pare botaria d'alegria, però posant-nos per un moment en l'època en qüestió -la de la immediata postguerra-, hem de tenir en compte que eren temps de penúries, de mancances... Els Calvet eren pagesos i podien tirar bé, almenys tenien assegurat el menjar... cosa que no tothom podia dir.

El fet que Francesc anés al Barça per la família suposava la pèrdua d'un valuós ajudant i anar al club blaugrana tampoc suposava en aquells moments una garantia de subsistència, situació que ha variat notablement amb el temps.

Calvet recordava que Samitier es va fixar un dia en un tal Alfredo Di Stefano: "Ja era nostre. Tant nostre que recordo que un dia Samitier el va portar a Palafrugell, -on jo estiuejava- i me'l va presentar.

Indumentària i pilota de l'any 1940.

Era per jugar un partit de Festa Major contra el Barça i es va alinear amb l'equip local per evitar problemes. Però després va haver-hi l'enrenou amb el Madrid i al final es va anar cap allà".

Com a curiositat, Francesc Anguera, l'entranyable encarregat de material que "mimava" la roba, les botes dels jugadors, les pilotes... aquell empleat "de tota la vida" a qui tothom estimava i que avui dia té una penya que porta el seu nom -la Penya Anguera-, deu el seu apel·latiu de Papi" a Calvet. Ell i Vergés sembla ser que li van posar aquest motiu i va ser sempre conegut com el "Papi" Anguera.

Calvet davant la placa d'inauguració del poliesportiu que porta el seu nom.

La opinió de Calvet sobre el futbol modern (Butlletí de la Gent Gran de SJD): "El món canvia, però no pensava que en futbol anés tot tant ràpid. Les xifres que es fan servir ara són completament desorbitades".

"Abans quasi tots érem catalans i sentíem al màxim els colors, i la resta eren espanyols. Estrangers... comptadíssims".

Mort de Calvet.
Adéu a un símbol del barcelonisme

F rancesc Calvet moria a l'hospital de Bellvitge el 30 de novembre de 2001 als 80 anys a conseqüència d'una greu malaltia pulmonar. Al seu enterrament van assistir jugadors com Biosca, Seguer o Valle, amb els que va compartir tota una vida barcelonista. Allí estaven també, en representació del club, el vicepresident Josep Mussons, el director general per a assumptes socials, Ricard Maxenchs, o el president de l'Agrupació de Veterans, Martí Vergés.

El Futbol Club Barcelona va lluir braçalets negres en homenatge a Calvet al següent partit de lliga de Primera Divisió, després de la seva mort, concretament a Mendizorroza front l'Alabès.

Per posar punt i final ens quedem amb una frase de Calvet de la que no cal cap comentari: "Pels colors blaugrana, pels meus colors, m'he fet un fart de plorat moltes vegades". El seu record, com el de tants i tants jugadors que han defensat la samarreta del Futbol Club Barcelona amb sentiment, quedarà per sempre a la memòria de tothom.

Ens deixava un dels artífex de la supervivència del Barça en la més crua postguerra, un dels pilars fonamentals de la resurrecció del Barça després de la Guerra Civil, segurament l'etapa més difícil del club en tota la seva història. Sant Joan Despí perdia també el seu esportista més il·lustre i la societat a una grandíssima persona. Barcelonista de tot cor. Va estimar la seva terra, Sant Joan Despí, una terra que va conrear amb les seves pròpies mans.

Agraïments

A aquelles persones que han col·laborat en algun aspecte per fer possible l'edició d'aquest llibre.

- A JORDI CALVET i ERNEST GONZALVO (fills de Francesc Calvet i Gonzalvo III). La seva il·lusió en que aquest llibre es publiqués i la seva aportació de material gràfic i escrit, han estat cabdals.

- A la meva FAMÍLIA pel seu suport moral i el seu recolzament logístic. Especialment a la meva dona, NÚRIA BRIGNARDELLI, artífex del projecte de portada, i al meu fill, ÒSCAR GÓMEZ, qui ha ideat el web i d'altres elements de difusió del llibre.

- Al meu company de treball i amic JOSEP RUIZ, amb qui comparteixo l'esmorzar a diari, qui m'ha ajudat i assessorat constantment, compartint amb mi tot el procés d'aquest llibre.

- A la meva retrobada amiga de la infància, NÚRIA SALÁN, qui es va prestar a fer la revisió del text i m'ha aconsellat molt i molt bé.

- A MARIA DIMAS -filla de Ramon Dimas- i CARME SALA -vídua de Joan Bert- ja que diverses fotografies que surten en aquest llibre van ser obra dels seus familiars directes, que cedien còpies als jugadors de l'època (dècades dels 40 i 50) –quelcom habitual en aquells temps en senyal d'amistat-, que van conservar els familiars dels jugadors i ara il·lustren aquest llibre. Els agraeixo la seva predisposició a col·laborar en aquest llibre i faig extensiu l'agraïment a aquells descendents d'altres fotògrafs dels quals no he aconseguit esbrinar la identitat. Que aquest llibre serveixi com un petit homenatge als fotoperiodistes d'aquell temps per la seva aportació històrica.

- Al FC BARCELONA, molt especialment a CARLES SANTACANA i MANEL TOMÀS, del Centre de Documentació i Estudis; al cap de premsa TONI RUIZ i a RAMON SALUD i ORIOL GARANGOU, de l'Agrupació Barça Jugadors.

- A l'històric i prestigiós fotògraf HORACI SEGUÍ, pel seu assessorament i per la facilitació de fotografies del seu arxiu.

- A JUAN MESA, qui va estar jugador, gerent i president del Real Oviedo i actual historiador del club asturià, per la seva aportació de documents i material gràfic de l'època ovetenca de Francesc Calvet.

I un record molt entranyable per a tres persones que van morir poc temps després de fer declaracions per aquest llibre: els exjugadors barcelonistes EDUARD MANCHÓN, que ens va deixar el 29 de setembre de 2010, JORDI VILA, que va morir el 20 de gener de 2011 i ESTANISLAU BASORA, que ens va deixar el 16 de març de 2012.